LA BELLE AU BOIS
DORMANT

PAR

ARSÈNE HOUSSAYE.

II

PARIS

WERDET, ÉDITEUR,

18, RUE DES MARAIS SAINT-GERMAIN.

1839

LA
BELLE AU BOIS DORMANT.

IMPRIMERIE DE MADAME POUSSIN,
RUE ET HÔTEL MIGNON, 2.

LA
BELLE AU BOIS
DORMANT

PAR

ARSÈNE HOUSSAYE

II

PARIS

WERDET, ÉDITEUR,
18, RUE DES MARAIS SAINT-GERMAIN.

—

1839

LIVRE VII.

Arnould et Marguerite.

I

Ne troublons point le repos des morts; retournons à nos jeunes prisonniers. Les chevaux de la berline, depuis longtemps oisifs au château, fuyaient comme le vent vers Paris. Dès la première soirée on s'arrêta à Compiègne pour s'y reposer la nuit. Dans cette ville toute royale la Révolution était mal venue, et au passage des prisonniers un morne silence régna partout.

Pour charmer les ennuis de la route les gendarmes avaient forcé leurs victimes de suivre la berline à pied dès la première maison de Compiègne. Ils espéraient recueillir de cette belle œuvre les applaudissements du peuple ; mais partout le peuple s'intéressa à la jeunesse et à la beauté d'Arnould et de Marguerite : les femmes pleuraient, les enfants se cachaient dans les bras de leurs mères ; c'était une désolation sans pareille. Les deux amants, qui tant de fois en un seul jour avaient été poursuivis par les cris ignobles de la populace, bénirent cet accueil silencieux et triste. Le petit curé, s'imaginant que les larmes tombaient pour lui, disait ses patenôtres avec reconnaissance. — O mon Dieu ! s'écria-t-il en voyant une église, étends ta main sur ce pays de Cocagne ! — Et vous, poursuivit-il en voyant un gendarme qui s'avançait vers lui, daignez nous conduire dans la meilleure hôtellerie de cette ville.

Malgré ses prières il fut jeté avec ses deux amis de voyage dans un cachot humide, où ils eurent en communauté une cruche d'eau, un pain de soldat et un lit de paille d'avoine. Le petit curé se coucha le premier. Arnould et Marguerite se consolèrent ou se désolèrent longtemps ensemble; enfin Arnould, plus faible à cause de sa blessure à peine cicatrisée, tomba épuisé à côté du prêtre. Marguerite pria une dernière fois, s'enveloppa dans sa vertu et s'endormit paisiblement auprès d'Arnould.

Le lendemain, avant de partir, les gendarmes eurent l'infamie de vouloir ajouter des fers aux tortures des prisonniers. Ils les amenèrent à la porte de la prison afin que tous les passants et tous les voisins fussent spectateurs de leurs grimaces.

— Nous enchaîner! dit Marguerite en pensant à mademoiselle de Meseray, nous enchaîner! Mais, si vous partiez sans nous, nous irions à Paris nous livrer aux bourreaux.

— C'est par charité qu'on vous enchaîne, dit un des gendarmes : est-il rien de plus charitable que d'enchaîner deux amants? Le petit curé joufflu, qui vous regarde en se lamentant, ne vous enchaînerait pas mieux avec le secours d'une oraison.

Arnould, indigné, ne put résister à sa colère. C'était au moment où l'autre gendarme lui saisissait les mains pour les présenter aux fers : il se jeta violemment contre lui et le renversa sur la muraille en dégageant ses mains.

Le premier gendarme voulut réprimer cette noble colère; mais Arnould, plus irrité, l'envoya mordre la poussière aux pieds de son pareil.

Les assistants applaudirent du fond de leurs cœurs. Le peuple applaudit toujours à la force et au courage. L'un des spectateurs de cette triste scène fut même assez téméraire pour aller au secours d'Arnould.

— Gendarmes du diable! dit cet homme d'une voix tonnante, je ne vous conseille pas d'enchaîner vos prisonniers!

— Je veux bien qu'ils m'enchaînent, dit Arnould d'un ton superbe; mais je leur défends de toucher à cette jeune fille.

Les gendarmes, qui étaient deux lâches, craignirent l'issue de cette scène, et ils firent avancer la berline en disant qu'ils dédaignaient de lutter avec des brigands destinés à la sainte guillotine.

— Sainte guillotine, ayez pitié de moi! dit le prêtre en commençant un sourire qui finit par une grimace.

Arnould tendit la main à celui qui était

— Nous enchaîner! dit Marguerite en pensant à mademoiselle de Meseray, nous enchaîner! Mais, si vous partiez sans nous, nous irions à Paris nous livrer aux bourreaux.

— C'est par charité qu'on vous enchaîne, dit un des gendarmes : est-il rien de plus charitable que d'enchaîner deux amants? Le petit curé joufflu, qui vous regarde en se lamentant, ne vous enchaînerait pas mieux avec le secours d'une oraison.

Arnould, indigné, ne put résister à sa colère. C'était au moment où l'autre gendarme lui saisissait les mains pour les présenter aux fers : il se jeta violemment contre lui et le renversa sur la muraille en dégageant ses mains.

Le premier gendarme voulut réprimer cette noble colère; mais Arnould, plus irrité, l'envoya mordre la poussière aux pieds de son pareil.

Les assistants applaudirent du fond de leurs cœurs. Le peuple applaudit toujours à la force et au courage. L'un des spectateurs de cette triste scène fut même assez téméraire pour aller au secours d'Arnould.

— Gendarmes du diable! dit cet homme d'une voix tonnante, je ne vous conseille pas d'enchaîner vos prisonniers!

— Je veux bien qu'ils m'enchaînent, dit Arnould d'un ton superbe; mais je leur défends de toucher à cette jeune fille.

Les gendarmes, qui étaient deux lâches, craignirent l'issue de cette scène, et ils firent avancer la berline en disant qu'ils dédaignaient de lutter avec des brigands destinés à la sainte guillotine.

— Sainte guillotine, ayez pitié de moi! dit le prêtre en commençant un sourire qui finit par une grimace.

Arnould tendit la main à celui qui était

venu pour le défendre et monta dans la berline, où déjà l'attendait Marguerite.

— Pourquoi m'avez-vous préservée de leurs fers ? dit-elle avec un triste sourire ; j'eusse été si heureuse de les porter !

Au premier village la pauvre fille demanda un verre d'eau ; les gendarmes firent semblant de ne pas entendre. — Tant mieux, pensa-t-elle ; ils se vengent sur moi du courage d'Arnould.

Ils se vengèrent en vrais gendarmes durant toute la route. Je ne raconterai pas tous les petits supplices dont ils accablèrent les prisonniers ; ce serait un désolant chapitre qui ne finirait pas.

La berline entra dans Paris vers onze heures du soir. Les gendarmes remirent au lendemain leur visite à Marat ; ils passèrent la nuit à s'enivrer dans une mauvaise auberge du faubourg Saint-Denis avec quelques sans-culotte d'alentour venus à leur aide pour veiller les trois aristocrates destinés, suivant leur métaphore un peu hasardée, à la grande gueule de la guilletine.

II

En ce temps-là vivait à Paris un homme étrange, qui n'avait point de famille, mais qui avait une patrie;

Un médecin ayant pour scalpel une guillotine, qu'il promenait par toute la France pour en trancher les mauvaises plaies;

La France libre, La Madeleine convertie, La Démence et l'Agonie de Mirabeau, Le Christ dévoilé, Les Métamorphoses, Les grandes Colères du père Duchêne, Les Fastes scandaleux, La Litanie des Rois, Les Crimes des reines de France, et mille autres écrits pareillement furibonds.

Le tribun, qui ne dormait jamais, irritait alors ses fureurs contre les rois et les nobles par la lecture d'un libelle anonyme ayant pour titre *La Grandeur du Peuple*. Il était assis devant un feu noir et morne; les bûches pleuraient et semblaient ne s'allumer qu'à regret. Sur les bords d'une cheminée en pierre étaient éparpillés les derniers numéros de *L'Ami du peuple* et de *L'Ami du Roi*. Outre le libelle anonyme Marat avait entre les mains *Le Levé de l'aurore*, petite satyre d'ancienne date dont presque toute l'édition avait passé à un auto-da-fé de la cour pendant que l'auteur passait à la Bastille. Cet écrit était devenu singulièrement rare, et Marat le pressait dans sa main comme une chose précieuse.

Le tribun représentait dignement la populace par le cynisme de son costume : il était à peine vêtu d'une houpelande en lambeaux, d'une vieille culotte de soie noire à demi débraillée; il avait sur la tête une guenille en turban où s'épanouissait une cocarde, aux pieds des souliers sans boucles à demi perdus dans les cendres de l'âtre.

A la vue de cet homme si laid Marguerite eut un mouvement de dégoût. Elle se souvint avec surprise de l'enthousiasme que son père montrait souvent pour Marat : suivant Jacques Taillefer c'était un républicain plein d'extravagantes vertus, un fou sublime, capable de sauver comme de perdre la nation. Elle espérait trouver en Marat un autre Jacques Taillefer, c'est-à-dire un homme ayant plus de cœur que de tête; mais en voyant la face livide, la grande bouche convulsive, l'œil colère du tribun, elle devina Marat, le colosse de haine, le géant d'horreur autour de qui se groupaient toutes les mauvaises passions du temps. Elle souffrit de cette triste découverte, car elle aimait le peuple et les défenseurs du peuple. Elle avait nourri son âme de la morale de l'Évangile et des sermons de son père, elle avait salué la liberté naissante, elle avait suivi de tous ses vœux son illustre compatriote Camille Desmoulins; mais dans son cœur Arnould s'agitait sans cesse; et elle aimait tout à la fois les nobles et le peuple.

Arnould ne s'étonna point de la laideur de Marat: dans son imagination les grandes figures républicaines se dessinaient plus horribles encore. S'il avait vu Robespierre, le tribun coquet et mignon qui passait la plus belle moitié de son temps à s'enjoliver et qui écrivait ses mauvais discours en manchettes, il lui eût dit à coup sûr : — Tu n'es pas Robespierre, ou, si tu es Robespierre, tu es plus monstrueux que Marat, car la nature ne t'avait pas destiné au rôle odieux que tu joues.

Marat avait vivement tourné la tête vers les gendarmes et les prisonniers. Son regard, toujours courroucé, s'était arrêté sur Marguerite sans s'adoucir : il se souciait bien de la douleur et de la beauté de la jeune fille! Un des gendarmes lui remit le procès-verbal du septembriseur. Il le lut avec avidité, en traçant de petites croix à divers passages avec un crayon rouge.

Tout à coup il bondit sur son fauteuil et s'élança vers Marguerite.

— Tu es la fille de Meseray? s'écria-t-il avec un éclat de voix.

— Oui, je suis la fille du comte de Meseray, dit Marguerite avec dignité.

— J'en suis bien aise! reprit le tribun en la contemplant d'un œil avide.

Et il se remit à lire le procès-verbal, tantôt souriant, tantôt grimaçant, l'œil plein d'éclairs, la narine mouvante. Quand il eut fini il regarda Arnould et le petit curé, qui eut autant aimé, malgré ses péchés, comparaître devant Dieu que devant Marat.

— D'où viennent ces faquins-là? demanda le tribun aux gendarmes; cette lettre ne me parle pas d'eux.

— Voilà l'histoire, citoyen, dit un des gendarmes. D'abord ce petit chérubin bouffi est un curé qui nous fut amené à Origny par les patriotes d'Avenelles, le pays des calottins; il y en a autant que de c—; et ce grand muscadin, tout pâle d'une petite égratignure, qui semble porter le deuil de sa mort prochaine, est tout simplement l'amoureux de la fille de défunt Meseray.

— Les belles mœurs de la noblesse! murmura Marat avec mépris.

En ce moment sa gouvernante, c'est-à-dire sa maîtresse, c'est-à-dire sa femme puisqu'il l'avait épousée un beau jour de printemps à la face du soleil, survint dans la chambre et déposa sur la cheminée un numéro de *La Feuille villageoise* [1] et une satire toute fraîche sur M. Marat, *le grand médecin de la vie.*

— Donc, poursuivit le gendarme, l'amoureux, voyant partir sa belle, imagina de partir avec elle pour partager ses malheurs. Nous cheminions en paix quand il vint caracoler autour de nous en criant *vive le Roi.* C'était ingénieux. Nous avons réuni au plus tôt ces deux modèles d'amour.

Marguerite rougit et regarda Arnould avec amertume.

— Vous êtes de braves citoyens, dit Marat ; la nation n'oubliera point vos services ; j'écrirai à la commune de Saint-Quentin de vous délivrer à chacun vingt-quatre livres pour première récompense. Vous allez, avant de retourner, conduire ces aristocrates à l'Abbaye.

Marguerite fit un pas vers Marat.

— J'espérais, dit-elle d'une voix étouffée, j'espérais...

— Les aristocrates n'espèrent point devant moi, dit Marat avec humeur.

— Je n'espérais pas pour moi, mais pour lui, reprit Marguerite en regardant Arnould : son seul crime est de m'avoir suivie...

La pauvre fille rougit encore et dévora ses larmes : — Son seul crime est de m'aimer.

En disant ce dernier mot elle était toute défaillante.

— Et tu crois, dit Marat, qu'on n'est pas coupable en aimant une aristocrate?

Marguerite baissa la tête avec résignation.

Arnould à son tour s'avança vers Marat.

— Il n'y a ici qu'un seul aristocrate, et c'est moi! dit-il à haute voix. Je me nomme Arnould de Longpré; mon père était marquis, et je suis marquis en dépit de la bande rouge. Je dois dire toute la vérité à monsieur Marat : cette noble fille, qui allait s'abaisser en vaines prières, n'est point Emmeline de Méseray, c'est Marguerite Taillefer; ce procès-verbal doit parler de son père. Marguerite a eu pitié d'Emmeline, elle a voulu mourir pour elle.

— Ne l'écoutez pas, dit Marguerite avec un triste sourire : il s'égare, il devient fou, il veut me sauver; ne l'écoutez pas! Je suis Emmeline de Méseray; il se nomme Arnould de Longpré; sa famille est noble, mais sa famille a toujours été la providence des pauvres. N'allez pas l'arracher à sa mère, qui en mourrait! Vous avez une mère, monsieur : eh bien donc, pensez à votre mère!

— Ma mère? dit Marat en passant sa main sur son front; je n'ai pas de mère.

A cette horrible réponse tout le monde pâlit.

— Ma mère, reprit-il, c'est la nation. Les nobles l'ont déchirée, il faut que je la venge par le sacrifice des nobles!

— N'est-ce point assez d'un sacrifice? murmura Marguerite. Je vous demande en grâce cette mort glorieuse, qui expiera les fautes des nobles. Je suis la dernière de ma famille, je ne regretterai rien en ce monde. Faites-moi mourir, mais laissez vivre Arnould!

— Arnould, Arnould, dit Marat avec distraction... Il me semble avoir vu ce nom-là dans le procès-verbal du septembriseur.

Il relut la lettre d'un regard rapide :

« A Origny j'ai trouvé un digne clubiste...
« Jacques Taillefer... Un vieux tilleul... un
« saint Jacques... le château armé jusqu'aux

« dents... Quel beau jour que cette nuit-
« là!... Je t'envoie la fille du défunt... Ar-
« nould de Longpré.... »

— Ah! ah! voilà ce que je cherchais! Voyons donc tout le paragraphe :

« Dans la grande salle j'ai trouvé le plus
« audacieux de nos ennemis atteint d'un coup
« mortel. Il s'appelle Arnould de Longpré. Je
« t'écris son nom afin que, si par miracle il ne
« meurt pas de ses blessures, il te soit loisible
« de l'appeler à ton tribunal. »

S'adressant à Arnould:

— Ah! tu n'es pas mort!

— Et, si je n'avais les mains liées, monsieur Marat le serait avant moi, dit Arnould avec mépris.

Marat trépigna de rage ; il saisit son crayon rouge et fit une petite croix sur le nom d'Arnould.

— Voilà ton épitaphe, marquis!

— C'est une glorieuse épitaphe! On n'en verra point de pareille sur la fosse de monsieur Marat.

— Sur ma fosse on verra un monument! dit le tribun avec orgueil.

— Oui, reprit Arnould, un monument colossal si les os de toutes tes victimes y sont rassemblés.

Marguerite, jusque-là retenue par Arnould, se jeta aux pieds de Marat. Sa douleur, sa beauté, ses larmes auraient touché des tigres : il vit tout cela sans s'émouvoir, il détourna la tête avec ennui.

— Les républicains sont généreux, dit Marguerite : soyez donc généreux, vous qui êtes le plus puissant des républicains! Je ne veux pas mourir; il est encore si matin pour moi! je ne veux pas qu'il meure, car c'est mon amant. Ayez pitié de la jeunesse et de l'amour!

Vous avez aimé, monsieur; vous avez été jeune : souvenez-vous de ce temps-là !

— Je ne suis pas votre juge, dit Marat avec impatience; vous comparaîtrez devant le tribunal du peuple.

— Oui! dit Marguerite, cet odieux tribunal qui condamne toujours! S'il nous faut y comparaître nous sommes perdus! Vous pouvez nous sauver de cet abîme : déchirez ce procès-verbal, faites-nous grâce de la prison, oubliez-nous. — Oh! monsieur, la prison c'est la mort dans la vie! Vous le savez : on m'a dit que vous aviez passé deux ans sans voir le soleil. Ne plus voir, ne plus respirer, ne plus entendre, voilà la prison. Le soleil est si doux! le ciel est si beau! Oh! monsieur, vous qui vous dévouez pour la liberté, laissez-nous la liberté!

Marat, qui demeurait insensible, répondit avec calme, après avoir cherché une métaphore suivant la coutume des orateurs du peuple :

— Quand le chasseur surprend un tigre qui a failli le dévorer il ne s'avise pas de le lâcher : ainsi font les républicains qui saisissent les nobles au péril de leur vie. Il fallait vous défendre jusqu'à la mort comme le ci-devant comte de Meseray.

— Qu'on m'emmène tout de suite! s'écria Arnould. Le Roi est en prison : il est glorieux à ses fidèles sujets de partager sa captivité. Mais, avant de partir, je jure à la face de Dieu que cette jeune fille n'est pas Emmeline de Meseray. Monsieur Marat, l'ogre affamé d'aristocrates, devrait sentir que c'est une fille du peuple.

— Oh! Arnould, dit Marguerite, vous êtes bien cruel!

Elle voulut saisir la main de Marat.

— Ne parlez donc plus à cette bête féroce,

murmura Arnould. Ses juges, fussent-ils des tigres, seront plus compatissants.

Marat, dont la bouche écumait, jeta sur Arnould un regard sanglant.

Marguerite sembla d'abord écouter la voix aimée d'Arnould; mais la femme qui veut sauver son amant n'a jamais dit son dernier mot.

— Monsieur, dit-elle en se traînant vers Marat, ayez quelque patience, c'est ma dernière prière. Songez que dans quelques minutes vous aurez perdu un beau moment d'accorder une grâce. — Soyez charitable, au nom de la France et de la liberté, ces grandes choses qui sont vos dieux; laissez-nous la vie! Quel mal ferons-nous à la république? Nous irons nous ensevelir au fond de la province; et ne sera-t-il pas doux à votre cœur de penser que deux enfants sauvés par vous de l'échafaud?..

Marat, devenu rêveur, semblait s'attendrir. Tout à coup il interrompit la suppliante.

— Je suis ennuyé de toutes ces lamentations; — Emmenez-les à l'Abbaye, dit-il aux gendarmes.

— Mais moi? dit le petit curé en s'inclinant devant Marat.

— Comment t'appelles-tu? lui demanda le démagogue.

— Leroy, répondit-il doucereusement.

— Il n'y a plus de roi; ton nom est un outrage au peuple, ton nom conspire contre la république. — A l'Abbaye!

Marat retourna au coin du feu et se mit à feuilleter *Le Levé de l'aurore*. Bientôt il tourna la tête pour s'assurer que les gendarmes suivaient ses ordres. Arnould et Marguerite sortaient de sa chambre. Sur le seuil la jeune fille regarda Marat pour la dernière fois : il y avait dans ce regard tant de tristesse et d'amertume que le tribun en fut ému et regretta d'avoir été si dur.

— Il est encore temps de les sauver! lui cria une voix du fond de ses entrailles.

— Nous verrons demain, murmura-t-il.

Le lendemain Marat se souvenait de ceux qu'il fallait sacrifier au peuple, mais jamais de ceux qui attendaient sa miséricorde.

III

Quand Arnould arriva devant l'Abbaye il pria un des gendarmes de dire au geôlier de cette prison que Marguerite était sa sœur, afin que le geôlier ne songeât point à les séparer. Marguerite, qui entendait Arnould, essuya une larme de joie. Cette horrible prison, tout émue encore du massacre des septembriseurs, devenait pour elle un palais ; enchaînée dans les mêmes fers avec son amant, n'est-ce pas le plus beau rêve d'une captive qui n'ose plus rêver de la liberté ?

Les gendarmes, en confiant les prisonniers au geôlier, accomplirent le vœu d'Arnould ; ils assurèrent que c'étaient le frère et la sœur, et que les gardiens ne seraient pas coupables envers la nation en les laissant ensemble.

— Nous n'y regardons pas tant, dit le geôlier en essayant de sourire ; nous laisserions ensemble Dieu et diable. La sainte liberté règne jusqu'au fond des cachots ; les prisonniers sont égaux devant la mort...

Il y avait dans toutes les prisons, grâce aux changements des guichetiers, un désordre étrange qui permettait à tous les prisonniers de se voir, de se plaindre, de se consoler.

L'Abbaye était un petit hospice où s'agitaient alors un grand nombre de malheureux plus ou moins malades d'aristocratie. Les révolutionnaires ne trouvaient qu'un remède à cette maladie, la guillotine.

A l'Abbaye Arnould vit partout inscrites les hideuses maximes des terroristes. Au-dessus de son grabat ses yeux s'arrêtaient souvent sur cette sentence ironique charbonnée par la main tremblante d'une victime :

Sous ce règne de l'égalité
on rapetisse les grands
en leur coupant
la tête.

Durant deux heures de la journée Arnould et Marguerite demeuraient ensemble. Les guichetiers, plus humains depuis la septembrisation, permettaient aux prisonniers, moyennant une redevance inouïe, de lire les gazettes, du moins les gazettes républicaines ; les deux amants accueillaient avec joie l'histoire journalière des événements, même quand cette histoire était écrite par Marat. La république française s'élevait sur des triomphes sans nombre; Montesquiou s'emparait de la Savoie, Dumouriez de la Belgique. Arnould souffrait de ces triomphes; comme tous les francs gentilshommes du temps il ne voulait que la gloire de son Dieu et de son roi. Marguerite souffrait d'abord devant la douleur d'Arnould; mais bientôt, revenue dans sa nature, elle s'enorgueillissait des victoires du peuple. Elle pensait à son père, qui verrait avant de mourir l'accomplissement du rêve de toute sa vie; elle pensait à ces grands républicains qu'elle suivait de ses vœux, Camille Desmoulins, Saint-Just, Condorcet, Jean De Bry, qui représentaient si dignement son pays à la Convention. Arnould les poursuivait avec acharnement de sa haine et de son mépris; à ses yeux c'étaient les dignes repré-

senlants de la canaille; et il s'irritait des généreuses apologies de Marguerite. — Plus vous
les défendez et plus je les trouve hideux,
disait-il à son amie.

Le 2 novembre il accourut à la chambre
de Marguerite et lui dit avec aigreur :

— Je suis charmé de vous apprendre que
votre Jean De Bry a dit hier ces belles paroles
à la Convention : « Il faut juger à la fois Marat
« et Louis XVI. Marat a mérité le titre de man-
« geur d'hommes : il serait digne d'être roi. »

Marguerite garda le silence.

— Oh! mon Dieu! reprit Arnould, accou-
pler ainsi un monstre à un roi!

— Louis n'est pas un roi, dit Marguerite.

Arnould s'irrita. Elle reprit avec calme :

— Un roi ne laisse pas renverser son trône.

Arnould se promenait avec agitation; son
œil étincelait de courroux, il se frappait le
front avec colère.

— Hélas ! dit Marguerite en pleurant, si vous étiez avec mademoiselle de Meseray vous ne parleriez pas de toutes ces choses ; vous ne songeriez qu'à vous aimer ; vous vous réfugieriez au fond de vos cœurs, et vous arriveriez à la mort par un chemin charmant. Pourquoi ai-je voulu sauver Emmeline !

Arnould prit les mains de Marguerite, et sécha les larmes qu'elle versait sous des baisers de feu.

IV

Le lendemain Arnould s'éveilla moins désolé que les autres matins ; le ciel de son âme s'animait d'une douce lumière. Ses songes avaient été charmants; et durant plus d'une heure, le front penché au bord de son grabat, le regard perdu dans le grillage de sa fenêtre, il poursuivait leurs fugitives images.

Dans le roman de la vie il est un chapitre qu'on relit tous les jours avec délices, le chapitre des souvenirs. Les prisonniers surtout s'arrêtent à tous les mots magiques de ce chapitre avec une joie infinie; ils oublient qu'ils sont enchaînés en se réfugiant dans ce beau temps de jeunesse et de liberté qu'ils ont perdu. Depuis plus d'une semaine Arnould, distrait par les événements de la république, ne songeait plus au passé, ce grand consolateur du présent; il avait à peine, le matin et le soir, une prière pour sa mère, pour ses sœurs, pour Emmeline. — Dans ce temps-là on priait encore Dieu. — Durant la nuit des rêves charmants avaient réveillé ses jeunes années; tous ses souvenirs s'étaient déroulés devant lui comme une guirlande de chastes élégies. A son réveil il vit avec horreur sa noire prison, et son âme retourna dans la vallée d'Origny. Ce matin-là le temps était morne, le ciel pâle, l'air glacial; il se souvint avec délices de la voûte éclatante, du soleil en feu, des beaux paysages de son pays. La hideuse fenêtre de sa prison lui rappela celle de sa chambre, où il s'appuyait tout tremblant d'amour pour entrevoir Marguerite à travers le feuillage du tilleul. Dès qu'il eut touché ce premier souvenir tous les autres s'égrainèrent comme un chapelet dans les mains d'une dévote; il revit Marguerite s'ébattant avec les chats et les chiens devant la porte du cabaret, gambadant avec les buveurs, jetant des pierres dans le bouquet de gui servant d'enseigne, Marguerite devenue amoureuse, s'appuyant languissamment sur la fenêtre ombragée par le tilleul, arrosant ses jacinthes et ses roses de mai, écoutant les battements de son cœur, enfin Marguerite dans le champ de sainfoin, la chevelure éparse, le corsage en désordre. Et tout en revoyant ces scènes charmantes Arnould croyait respirer encore le parfum du seigle, des roses et du sainfoin.

Ses yeux s'étaient détachés du grillage de fer; tout à coup, à la vue d'une cruche cassée qui meublait son gîte, il se souvint qu'il était en prison.

— Le soleil luit pour tout le monde! dit-il avec colère. O mon Dieu! que ne puis-je abîmer tous ceux qui m'ont pris ma place au soleil!

Deux tableaux à la fois s'éclairaient sous ses yeux : le passé, gracieux et souriant comme une image de Boucher, le présent, plus noir et plus lugubre que l'imagination du Dante. Involontairement il se détacha du premier tableau; il pensa encore à Marguerite, son cœur se ranima à ses premiers feux, et pour un instant mademoiselle de Meseray fut renversée de l'autel. Les attraits de Marguerite lui revenaient en la mémoire; il revoyait sa chevelure d'ébène, ses joues pleines de roses, ses yeux ardents que l'amour voilait avec tant de langueur, sa gorge émue, sa jambe arrondie, et par-dessus tout cette mine enjouée qui charmait tout le monde.

C'est ainsi que Marguerite était dessinée dans le cœur d'Arnould, mais elle ne ressemblait plus guère à ce portrait; l'oubli de l'inconstant était tombé sur sa jeunesse comme un linceul glacé; et les yeux ardents s'étaient voilés par la douleur, et les roses des joues, effeuillées par le chagrin, ne devaient plus refleurir. — Arnould, que n'avez-vous cueilli ces roses!

Pourtant Marguerite était toujours belle; sa tête, d'une forme charmante, couronnée de cheveux noirs, triste, mais d'une tristesse souriante et sentimentale, aurait séduit les plus rebelles.

Arnould repoussa sans pitié l'image d'Emmeline, qui se glissait devant lui quand il voulait regarder une autre femme; et, s'étant levé, il s'en fut attendre Marguerite dans une salle commune à tous les prisonniers. Elle vint bientôt ayant en ses mains un petit chat qu'elle avait pris au guichetier. Arnould était tremblant comme dans le champ de sainfoin. Il voulait confier à Marguerite qu'elle redevenait la reine de son cœur, mais cette confidence s'arrêtait à ses lèvres ; il craignait qu'elle n'en fût alarmée ou qu'elle n'y eût point foi. Enfin, saisissant le petit chat qu'elle tourmentait par ses caresses, il lui reparla de ce beau temps où elle jouait ainsi à la porte du cabaret, à l'ombre du vieux tilleul.

A ce souvenir, qui lui venait d'Arnould, elle se mit à pleurer.

La salle était presque déserte ; Arnould essuya rapidement les larmes de Marguerite par deux baisers.

— Les larmes étaient douces, murmura-t-elle, mais les baisers sont amers.

— Vous pleurez, Marguerite!

— Je pleure ce temps-là.

— N'êtes-vous pas belle comme alors?

— Ah! si je n'avais perdu que la beauté!

— Je vous aime, Marguerite.

— Vous m'aimez, Arnould! Si ce n'est pas un mensonge, c'est pis, car c'est une ironie.

— Je vous aime! reprit Arnould avec tout l'accent de la vérité.

Marguerite sourit avec amertume.

— Vous m'aimez! Eh bien, je ne vous aime plus, car je méprise votre cœur. Jusqu'ici j'admirais votre loyal caractère, votre fidélité au Roi et à Emmeline...

— Mais je vous aimais avant d'aimer mademoiselle de Meseray.

— Non, Arnould, vous ne m'aimiez pas : l'amour est plus constant, mon pauvre cœur me le dit sans cesse ; vous ne m'aimiez pas ; et, si je pleurais un beau temps tout à l'heure, je ne pleurais pas le temps où j'étais aimée, mais le temps où je croyais être aimée. Ne vous abusez pas, Arnould : tout l'encens que l'amour a brûlé dans votre âme l'a été pour Emmeline. Nous allons mourir bientôt : gardez-vous de changer d'amour, ce serait changer de religion ; restez fidèle à mademoiselle de Meseray comme à votre roi ; point d'apostasie à l'heure de la mort.

— Marguerite, je vous ai aimée, je vous aime encore. J'avoue que durant quelques années Emmeline est venue dans mon cœur lutter contre vous, mais je vous jure devant Dieu !...

— Arnould, ne jurez pas ! il n'y a pas de prêtre ici, et vous mourrez sans confession. Songez plutôt à Emmeline, qui vous appelle en pleurant au fond du bois de Meseray.

Arnould pencha tristement la tête.

— Ce serait une barbarie de l'oublier quand elle n'a plus que vous en ce monde. Aimez-la toujours, son âme en sera consolée; aimez-la toujours, et laissez-moi dans mon veuvage.

Marguerite sourit avec mélancolie.

— Je souffre, reprit-elle, mais ne me plaignez pas, la douleur est devenue mon plus cher refuge; je ne suis bien que dans la douleur, et tous les jours je m'y enfonce plus avant. J'éprouve souvent cette sombre volupté des trappistes qui creusent leurs fosses; je m'imagine follement que je souffre pour Emmeline et pour vous, que je suis martyre de l'amour comme tant d'autres furent martyrs de la religion; ma douleur me grandit à mes yeux et j'en suis toute glorieuse. Aimez Emmeline, Arnould; j'aime mieux ma douleur que votre amour.

V

En vain Arnould essaya de changer les sentiments de Marguerite : aussitôt qu'il lui parlait d'amour elle lui parlait d'Emmeline.

Quand il regrettait le beau paysage d'Origny elle l'écoutait avec d'ineffables délices.

— Je crois entendre de la musique, lui disait-elle.

Leurs journées se passaient dans une morne lenteur; ils demeuraient isolés des autres prisonniers, hormis seulement à l'heure solennelle de l'arrivée des journaux. Alors toutes les victimes, animées par un commun intérêt, semblaient se liguer contre le gouvernement de la fureur; on tremblait, on se désolait, on espérait ensemble; une amitié passagère régnait dans la salle, tous les regards étaient compatissants; mais, après ce fugitif élan de sympathie, le premier groupe se dispersait en vingt autres qui débordaient dans les corridors. C'était en ce moment que Marguerite venait à la rencontre d'Arnould. Il la baisait fraternellement au front, et l'emmenait dans le coin le plus obscur et le plus désert, souvent dans la cour, malgré la mauvaise saison, sur un petit banc de pierre où étaient tombées des pluies de sang et de larmes. Il lui racontait d'abord les événements de la veille;

quelquefois il lui donnait l'espoir d'une prochaine délivrance; mais Marguerite n'y croyait pas et lui disait que la mort seule les délivrerait.

— La mort n'a pas voulu de moi, pensait Arnould en appuyant la main sur sa poitrine.

Il souffrait toujours de sa blessure; mais il cachait si bien son mal que, malgré son amour, Marguerite ne s'en doutait pas.

Le temps où ils pouvaient se voir fuyait bien vite : ils ne se voyaient que le matin et le soir; le reste du temps était un supplice infini. Arnould le passait en rêveries oisives, Marguerite à prier et à pleurer.

Souvent Arnould se sentait saisi d'une belliqueuse ardeur; il tempêtait contre sa destinée, qui l'avait conduit dans une prison quand il pouvait se couvrir de gloire en défendant son roi. Marguerite parvenait à grand'peine à l'apaiser dans ces moments de fièvre et d'exaltation.

— Ah! disait-elle avec regret, si cette ardeur qui vous emporte était dépensée pour le peuple! — Je vous plains, Arnould, je vous plains d'être venu au monde trop tard ; vous étiez né pour illustrer la chevalerie. Ce fut un beau temps pour la gloire des nobles ; mais il n'y a plus de tournois, et aujourd'hui il n'y a plus de gloire pour les nobles, soit qu'ils combattent contre le Roi ou contre le peuple. Du reste, les nobles ne se soucient guère de batailles : au lieu de veiller leur roi à l'heure du danger, les uns vont se pavaner à Coblentz, les autres se barricadent dans leurs greniers. On juge en ce moment Louis XVI : s'il est condamné ils le laisseront mourir sans s'émouvoir ; et pourtant le Roi est leur dernière espérance.

— Oui, disait Arnould en soupirant, la noblesse tombera avec le Roi aux pieds du peuple. Adieu toutes mes glorieuses espérances! adieu mon titre de marquis, mon chapeau à plumes, mon manteau de drap d'or! adieu, galante épée de mon père, qui n'as servi que dans les guerres d'amour! adieu, vénérable épée de mon aïeul, qui pourchassais si bien les ennemis du grand Roi! — O Marguerite, les nobles n'ont plus qu'à mourir.

Le lendemain Arnould se ranimait à l'espérance.

— Nous sortirons victorieux de la lutte! disait-il avec feu. Ouvrez-moi ces portes de fer, et j'irai délivrer la France de Marat et de Robespierre, les hideux rois de la canaille! Des armes! et j'irai combattre jusqu'à la mort tous ces montagnards, qui n'ont jamais assez de notre sang pour teindre leurs bonnets et leurs drapeaux!

Mais les portes de fer ne s'ouvraient que

pour saisir d'autres proies ; il fallait demeurer enfermé jusqu'au jour du jugement, c'est-à-dire jusqu'au jour de la mort.

J'oubliais : les portes s'ouvraient pour lâcher des prisonniers, mais pour les lâcher à la guillotine.

Arnould et Marguerite s'étonnaient de demeurer si longtemps à l'Abbaye. Tous les jours le sanglant tribunal appelait des victimes autour d'eux ; il semblait qu'ils fussent oubliés. Cependant Marat s'était empressé de remettre à ses jugeurs le procès-verbal de son frère d'armes de septembre, et afin de hâter le jugement il avait parlé des deux amants à une séance des jacobins, il avait fait un cynique roman de leurs amours, il avait dit que mademoiselle de Meseray *était la perle de l'aristocratie de province, et que son amant en était le fil.* Durant presque une heure la curiosité parisienne s'était tournée vers eux ; mais ils s'étaient évanouis dans les mille événements de la journée. Il y avait alors tant de distractions pour les esprits oisifs!

Le temps se passait cependant. Louis XVI était jugé; après la mort de la royauté était venue la mort du Roi. L'hiver allait finir; le printemps arrivait avec son soleil et ses fleurs; le soleil se levait après une nuit sanglante pour éclairer le triomphe de Marat et la chute des girondins; les fleurs brillaient sur la fosse des morts, car la France n'était plus qu'un cimetière. Avant le règne de la liberté il fallait subir le règne de la mort.

Un jour, au-dessus du lit de Marguerite, dans une niche masquée par une image de la liberté, le hasard fit découvrir à la pauvr fille un petit flacon d'opium, destiné sans doute à préserver une prisonnière de l'échafaud.

— Hélas! dit Marguerite, celle-là a été malheureuse jusqu'à la mort; elle n'a pas pu accomplir son dernier rêve; les bourreaux ne lui en ont pas laissé le temps.

Elle porta le flacon à Arnould.

— Si vous voulez, lui dit-elle, nous n'irons pas jusqu'à la guillotine.

Et comme Arnould semblait réfléchir :

— Ce serait une faiblesse, dit-elle; il nous faut noblement mourir.

Elle voulut jeter le flacon.

— Pourtant je le garde, reprit-elle avec un triste sourire. Qui sait si je n'en aurai pas besoin?... C'est Dieu qui me l'a découvert.

Le printemps passa; juillet vint avec tout son éclat resplendir autour de Charlotte Corday, qui fit une tragédie digne du grand Corneille, son aïeul.

Marguerite tomba agenouillée devant le nom de cette noble fille.

— O mon Dieu! que n'a-t-elle une sœur

pour délivrer la France de Robespierre! dit-elle en apprenant le dévouement de Charlotte; — la république serait sauvée.

Marguerite, qui avait plus d'instinct que de raisonnement, disait peut-être la vérité. Robespierre fut le lâche assassin de Danton et de Camille Desmoulins. Sans Robespierre, la Convention n'eût jamais osé condamner ces deux audacieux républicains qui avaient tant fait pour la Révolution, Danton, le génie du peuple, Camille Desmoulins, qui avait le courage d'un lion et qui pleurait comme une femme, le premier et le seul écrivain de la Révolution, qui était grand et généreux comme un héros, qui gardait l'insouciance et la naïveté d'un enfant, qui avait la tête pleine d'esprit et le cœur plein d'amour. — Ah! c'étaient Camille et Danton qu'il fallait laisser au terrible gouvernail : le navire n'eût point échoué ; tout Paris aimait Danton, toute la province aimait Camille ; on savait que le dévouement seul était leur guide, on se fût dévoué pour eux.

Arnould et Marguerite, las d'attendre leur jugement, finissaient par se croire oubliés du tribunal révolutionnaire.

Un soir enfin, suivi de deux gendarmes, le guichetier vint les demander.

— Bon voyage, leur dit-il en leur liant les mains ; vous allez de ce pas à la Conciergerie, et de là Dieu sait où !

— Voilà donc l'heure de notre délivrance ! dit en chemin Arnould, qui n'avait plus d'espoir qu'en la mort. Marguerite, Marguerite, prions Dieu ! car les barbares ne nous laisseront pas un quart d'heure de grâce pour nous préparer à la mort.

VI

Le lendemain Arnould et Marguerite comparurent devant le sanglant tribunal. Arnould était jeune, Marguerite était belle, et la salle s'emplissait de curieux. Midi venait de sonner et le soleil rayonnait ardemment ; le jury fit ouvrir les fenêtres, les juges demandèrent à boire. Quand le président fut rafraîchi il agita sa sonnette, et l'accusateur prit la parole aux applaudissements de l'assemblée :

« Sont coupables d'aristocratie Charles Ar-
« nould de Longpré et Marie-Emmeline de
« Meseray, ainsi qu'il appert d'un procès-
« verbal déposé ès-mains de la justice par
« Marat. »

A ce beau nom le président se découvrit.

« Sont en outre coupables les susdits d'in-
« surrection contre le peuple allant à la con-
« quête de ses droits, en novembre dernier.
« Voulons et ordonnons qu'ils soient sans dé-
« lai jugés par le tribunal extraordinaire. »

— Ainsi soit-il, dit le président.

Il agita sa sonnette pour dissiper les rumeurs des curieux et demanda à la barre les deux coupables.

— De grâce, dit Marguerite à Arnould, laissez-moi mourir avec vous.

Arnould le premier s'avança avec calme.

— Ton nom, demanda le président.

— Charles Arnould, marquis de Longpré, répondit Arnould d'un air d'insouciance.

— Ton nom, demanda le président à Marguerite.

— Marie-Emmeline de Meseray.

— Un noble dévouement l'entraîne ! s'écria Arnould, qui semblait sortir d'un songe ; cette jeune fille n'est point Emmeline de Meseray...

Arnould pâlit : il se souvint tout à coup qu'il allait perdre l'orpheline ; il hésita, il lutta de toutes ses forces ; enfin la vérité l'emporta.

— Non ! reprit-il, cette noble fille n'est point mademoiselle de Meseray, c'est Marguerite Taillefer.

A ce nom de Taillefer, déjà célèbre parmi les républicains, les juges et les jurés se regardèrent avec défiance.

— Je suis Emmeline de Meseray ! dit d'une

voix sonore Marguerite; il veut me sauver par un mensonge, il veut me sauver parce qu'il m'aime.

En disant ces mots elle regardait Arnould avec orgueil.

Les curieux, tout à l'heure si bruyants, demeuraient silencieux et suivaient des yeux les amants avec compassion.

— Je suis Emmeline de Meseray, reprit Marguerite; et je suis plus coupable que ne le dit l'acte d'accusation, car si j'étais libre j'irais tout de suite poignarder Robespierre. Vous voyez bien que je suis une aristocrate.

Arnould voulut en vain reprendre la parole, le tribunal s'était allumé d'une belle colère : — Assassiner Robespierre! le poignard sacrilége d'une aristocrate dans le cœur de ce grand plébéien! renverser ainsi le plus hardi et le plus sage pilote du vaisseau de l'État! récompenser lâchement le superbe tribun qui a abattu l'arbre du despotisme et qui a planté celui de la liberté! — Tout le monde fut révolté.

— Les accusés ont-ils des défenseurs? demanda le président au milieu des cris.

— Des défenseurs! dit un des juges avec mépris; il ne se trouverait pas un homme en France qui voulût les défendre.

Sans désemparer le jury, après quelques minutes de délibération, condamna Arnould et Marguerite à la peine de mort; ce fut d'une voix unanime.

Marguerite se jeta dans les bras de son ami, qui l'embrassa avec effusion.

— Le jour de ma mort, dit-elle avec enthousiasme, sera le plus beau jour de ma vie!

LIVRE VIII.

La Promesse de Mariage.

I

Jacques Taille, demeuré le premier des représentants de la commune en dépit de quelques esprits ardents qui le trouvaient trop sage, avait fini par apaiser les ressentiments des fanatiques contre les nobles et les fermiers du pays. Grâce à son généreux courage, la puissance de l'aristocratie était renversée et les exaltés n'osaient se livrer à leurs mauvaises passions. Il avait toujours en tête cette maxime de Jules César : « Le peuple s'égare « quand il n'a plus de maître. » Il voulait conduire le peuple, trop pur pour croire que le peuple se défiât de lui.

Il était toujours la providence des pauvres, la consolation des malheureux, l'appui de tous. Infatigable dans son dévouement à la liberté, il voyageait dans tout le district d'Origny, accueillant les plaintes, fermant souvent les yeux, encourageant le travail, calmant les haines, séchant les larmes. Deux fois par semaine il assemblait son conseil, dont il était presque toujours le guide malgré les jalousies de quelques notables, qui riaient de son éloquence emphatique. Le dimanche, à l'issue de la messe, il montait en chaire, et, l'Évangile d'une main, un journal de l'autre, il glorifiait le peuple, il déifiait la liberté. L'église, souvent déserte durant la messe, se remplissait pour l'entendre prêcher; de frénétiques applaudissements accueillaient toujours ses généreuses paroles; et quand il descendait de la sainte tribune les enthousiastes se pressaient au bas de l'escalier pour lui donner cette fraternelle accolade qui rapprochait tous les cœurs.

Mais, au milieu de ces joies républicaines, Jacques Taillefer était déchiré par une douleur de plus en plus aiguë : il n'avait plus d'enfant; qu'était devenue Marguerite ? Il avait écrit au pays de sa femme, il s'était épuisé en vaines recherches. Ses amis lui disaient tout bas que sa fille avait pris la fuite avec Arnould; ses ennemis disaient partout que Marguerite n'était pas si loin, qu'elle veillait dans une cave ou dans un grenier le jeune Arnould de Longpré, son amant, que Jacques Taillefer voulait soustraire à la vengeance, à la justice du peuple.

Le malheureux père, qui était comme tous les représentants des provinces en correspondance avec les jacobins, les pria un jour dans une de ses lettres de lui dire s'ils savaient le sort d'un sieur Arnould de Longpré, disparu d'Origny le lendemain de la prise du château de Meseray. Il espérait apprendre où était sa fille en apprenant où était son amant; mais les jacobins ne répondirent pas à cette lettre, et Jacques Taillefer ne songea plus qu'à se résigner.

Ce fut vers ce temps-là que lui vint de Saint-Quentin l'ordre de vendre le domaine de Meseray. On voulait ainsi venger la nation française de la rébellion du comte. Après les rapides formalités du temps la vente se fit un dimanche en l'ancienne salle de justice d'Origny, en présence de Jacques Taillefer, de son conseil et de deux juges du district. La mise à prix était de sept mille livres. Quelques nobles sou-

mis à la république s'agitaient dans la salle :
Jacques Taillefer, qui connaissait toutes les
fortunes d'alentour, prévit que l'antique donjon retournerait à la noblesse s'il ne s'y opposait. Un élan d'orgueil le saisit, lui qui était
si humble et si fier ; il résolut d'avoir le domaine, excusant son élan d'orgueil par l'idée
qu'il ferait du donjon un hospice pour les
vieillards, et des dépendances un champ pour
les pauvres. Il avait trois milliers d'écus, venant d'un héritage de sa femme, déposés chez
un notaire d'Origny en attendant le mariage
de Marguerite ; il avait en outre, grâce à ses
économies, quinze cents livres au fond de son
armoire : il confia son dessein à son notaire,
qui assistait à la vente, et qui, n'osant contrarier un homme aussi puissant, s'empressa de
l'encourager. Le notaire alla plus loin : il
déclara à l'assemblée que Jacques Taillefer
voulait acheter le domaine de Meseray pour

en abandonner les revenus aux habitants d'Origny.

— Et nous verrons s'il se trouve ici un aristocrate pour empêcher cette bonne œuvre! dit d'un air menaçant un des enthousiastes de Taillefer.

La noblesse qui était là n'osa se plaindre de cet abus; elle demeura silencieuse, et vit avec un profond dépit l'héritage des Meseray passer à un représentant du peuple moyennant sept mille cinq cents livres. La noblesse s'imaginait déjà voir Taillefer régner au château; mais le lendemain elle fut encore forcée d'admirer le tribun, qui avait abandonné toutes les terres labourables du domaine aux habitants d'Origny.

Cependant la renommée de Taillefer en souffrit parmi le peuple : l'abandon fut fait avec trop de hâte. Il y eut des mécontents et des jaloux qui, loin de lui savoir gré de son dévouement pour sa commune, l'accusèrent de vouloir s'élever au-dessus d'eux. Les plus mutins, ces vagabonds avides qui s'étaient formés à l'image du septembriseur et qui se désolaient que le beau temps du pillage ne revînt pas, répandirent partout que leur représentant devenait l'ami des nobles et des riches, qu'il accueillait de l'argent des uns et des compliments des autres. La noblesse, loin d'étouffer ce bruit, en était souvent l'écho; la noblesse, toute confuse encore de sa chute, tout effrayée de sa faiblesse, n'avait plus à son secours que la perfidie. Elle méconnaissait la générosité du cabaretier envers elle; et cependant que de fois Jacques Taillefer avait été son refuge dans les jours d'orage! Une famille surtout, — la grande famille de Rez, — semblait ne se souvenir de ses services que pour l'en punir. — M. de Rez s'était enfui en 1790, laissant à la merci du peuple un do-

maine immense. Dans la crainte de perdre
toute sa fortune, il était revenu en 1793, après
la mort du Roi, résolu de se soumettre à la république. Mais il avait émigré, nul ne l'ignorait ; les lois étaient sévères, la justice insensible. Tremblant pour sa vie comme il
avait tremblé pour sa fortune, il s'était mis à
genoux devant Taillefer ; il l'avait supplié de
le sauver en certifiant sa présence au pays
depuis 90. Par cet acte le représentant pouvait se perdre ; mais il n'avait songé qu'à sauver une famille dont il admirait les vertus privées. — Hors de danger, M. de Rez méprisa
Taillefer ; loin de récompenser ses services par
une noble amitié, il ne songea qu'à l'en punir
par de lâches vengeances. Les nobles ne pardonnaient pas à la grandeur du peuple.

Ainsi par sa générosité Jacques Taillefer
avait affaibli sa puissance. Il avait eu de la
pitié pour toute la noblesse, et la noblesse

commençait à ne plus craindre son gouvernement. Cette pitié avait en même temps irrité le peuple, qui n'oubliait pas sitôt les fanfaronnades des nobles. Quelques mutins formèrent une jacobinière où on étudiait l'éloquence du journal *Le père Duchêne.* Ces forcenés, sourdement encouragés par quelques nobles imprudents qui voyaient avec joie les dissensions infinies des républicains, ramenèrent bientôt à Origny d'épouvantables désordres.

Pendant la nuit les jacobins se promenaient dans la ville en chantant ou plutôt en beuglant des sans-culottides; ils dessinaient des gibets sur les maisons de tous les suspects, jetaient des pierres dans les vitres, et menaçaient de la lanterne tous ceux qui ne se rangeaient sous leur hideuse bannière. Ils avaient commencé par sortir sans armes; peu à peu ils s'étaient armés de piques hérissées d'épines de fer et ornées de banderoles rouges ayant cette devise : *La liberté ou la mort.*

Taillefer ressaisit toute son énergie et s'élança seul au devant des furieux.

— Vos armes! dit-il d'un ton impérieux; donnez-moi vos armes ou je vous mène tous en prison!

Cette véhémente apostrophe abattit les révoltés.

Cependant quelques-uns d'entre eux relevèrent aussitôt la tête.

— A bas l'aristocrate! s'écrièrent-ils.

Et au même instant une couronne de piques ceignit la tête de Taillefer.

—Frappez, mes amis, dit-il avec calme.

Cette fois les révoltés se sentirent vaincus; ils jetèrent au loin leurs piques au cri de *vive Jacques Taillefer.*

Le peuple est toujours dominé par son cœur; le peuple n'a point de pensée, il a de l'amour ou de la haine ; il se laisse aller à tous ses sentiments bons ou mauvais ; il fait le bien et le mal avec la même ardeur, ne sachant pas s'il fait le bien ou le mal. Éveillez ses nobles instincts, il sera héroïque ; flattez ses mauvais penchants, il deviendra infâme. Dans les moments suprêmes un grand mot l'élève à toutes les vertus, la parole d'un lâche l'abaisse dans la fange. Le peuple change comme le vent, car pour le peuple le jour est le présent, la veille, le passé, le lendemain, l'avenir. N'ayant pas de plus vaste horizon, il ne prévoit pas ; voilà pourquoi il s'arme le matin contre ses ennemis, et le soir contre ses amis. Envers les rois c'est un chat hypocrite ayant une patte pour caresser, une patte pour égratigner. Il est vrai que les rois se fient au peuple comme les matelots à la mer.

Jacques Taillefer, qui connaissait le peuple, avait tout d'un coup désarmé les révoltés, non-seulement de leurs piques, mais aussi de leurs fureurs; un seul mot venait de changer tous ces forcenés, car ce mot les touchait au cœur.

—Oui, vos amis, disaient-ils avec enthousiasme, vos amis pour toujours!

Quand le peuple dit *toujours*, il veut dire *jusqu'à demain*.

Le cabaretier, plus ému par ce débordement d'amitié que par les clameurs des furibonds, dit qu'il allait réunir son conseil pour entendre les griefs du peuple.

— Nous n'avons plus rien à dire. On nous avait égarés et nous voulions te renverser; à cette heure nous ne voulons plus que t'embrasser.

Ainsi finit cette émeute si menaçante qui désolait déjà toute la ville. Elle avertit Taillefer que dans le pays sa générosité, qu'il puisait dans sa force, était prise pour de la faiblesse : il se mit en garde contre son cœur; et, dès qu'il résista aux prières des nobles, il vit les nobles redevenir humbles devant son nom.

Un morne silence environnait le château de Meseray; nul n'allait troubler la pieuse solitude du vieillard qui passait en prières ses derniers jours. A peine si durant l'hiver les pauvres d'Origny qui fagotaient dans le grand bois dépassaient le seuil désolé du portail antique, dont la vue réveillait en eux un ancien sentiment de crainte et de respect.

La nuit quelques passants attardés avaient vu luire une lampe dans l'oratoire et dans une aile depuis longtemps délaissée; et, comme la superstition régnait encore dans les campagnes, on imaginait mille histoires lugubres à propos des lumières du donjon : les uns disaient que le comte de Meseray revenait à certaines heures de la nuit pour pleurer sa défaite, les autres qu'Arnould et Marguerite s'étaient cachés au château, et qu'à minuit Emmeline sortait de la tombe pour les tourmenter.

II

Vers les derniers jours de juillet Jacques Taillefer fut envoyé à Paris par l'assemblée primaire du district d'Origny pour célébrer l'anniversaire du dix août.

Je ne raconterai pas sa mission politique à Paris; il avait une autre mission plus belle et plus grande, celle de sauver sa fille. La première lui venait des hommes, la seconde lui était confiée par Dieu.

A Paris le cabaretier d'Origny fut reçu à bras ouverts par Jean De Bry, et surtout par Camille Desmoulins; c'était tous les jours de nouvelles fêtes pour le tribun. Mais, au milieu de ces joies républicaines, le père était la proie d'une douleur infinie qu'il lui fallait renfermer au fond de son cœur. Le matin il appelait Marguerite, et le soir il s'endormait dans les larmes en songeant qu'il ne reverrait plus sa fille. En vain il avait demandé Arnould de Longpré aux cordeliers, aux jacobins, au tribunal révolutionnaire : partout on lui répondait que les prisons étaient pleines d'anciens nobles, mais qu'à peine on savait leurs noms le jour du jugement. Cependant un juge lui dit qu'il croyait vaguement se souvenir que vers la fin de la dernière semaine un ci-devant marquis se nommant Arnould avait comparu devant le saint tribunal du peuple; — mais, reprit le juge avec insouciance, il y a au bois tant de feuilles pareilles! il y a tant d'aristocrates du même nom!

Taillefer voulut voir les registres du greffe. On les lui refusa d'abord, mais heureusement Camille Desmoulins, son étoile dans la nuit de Paris, survint en ce moment pour assister au procès d'un personnage célèbre qu'il avait étourdiment attaqué dans son journal et qu'il voulait défendre devant les juges. Il tendit la main à Taillefer, et le malheureux père le pria d'une voix étouffée de lui ouvrir les sanglantes annales du greffe.

— J'ai perdu ma fille, je te l'ai dit; l'amant de ma fille est noble, c'est le jeune Arnould de Longpré; et je viens d'apprendre par un juge qu'un pareil nom...

Camille pencha tristement la tête, et, la relevant aussitôt : — O mon Dieu! s'écria-t-il, quelle horrible lumière! On ma raconté une touchante scène de dévouement qui s'est passée l'autre semaine au tribunal extraordinaire : c'étaient deux jeunes amants, un marquis, une comtesse; le marquis voulait que sa jeune compagne fût une fille du peuple et non de la noblesse. Hélas! c'était un marquis de Longpré.

Jacques Taillefer pâlit et chancela.

— Le nom de la jeune fille? demanda-t-il avec angoisses.

— Le nom d'un grand historien français, mademoiselle de Meseray.

— C'est ma fille, c'est Marguerite ! Elle aura voulu mourir avec Arnould, elle aura voulu sauver mademoiselle de Meseray, qui est morte de sa belle mort en son chateau.

— Où est ma fille? Marguerite, où es-tu? — De grâce, ne me dis pas qu'elle est morte! — Non, point de mystère, je veux tout savoir.

— Rassure-toi : je crois que le jugement a été suspendu jusqu'à l'heure où il paraîtra un témoin qui constate l'identité. Les deux amants doivent être à la Conciergerie : courons-y, voyons-les ! Si tu reconnais ta fille dans la prisonnière, nous sauverons ta fille.

A la porte de la Conciergerie une de ces hideuses charrettes qui allaient sans halte de cette prison à la guillotine les arrêta tout d'un coup. Camille Desmoulins détourna la tête en pâlissant; Jacques Taillefer, qui ne voyait pas bien le désolant spectacle, ouvrait des yeux avides sur les gendarmes, sur la foule qui se pressait à l'entour, et surtout sur les infortunés qui s'en allaient si funèbrement à la mort.

Des cris ignobles l'avertirent que les prisonniers ne sortaient de la Conciergerie que pour l'échafaud :

— A bas la tête ! criait la populace chaque

fois qu'un condamné était jeté sur la charrette.

— Quoi! s'écria Taillefer, des vieillards et des enfants de vingt ans!

— Le torrent nous emporte, dit Camille avec désespoir. Les girondins ont voulu l'arrêter, ils se sont perdus; Danton, qui a fait éclater l'orage, essaie aujourd'hui de l'apaiser : malgré sa force Danton sera renversé par l'orage.

Taillefer regardait toujours d'un œil avide la fatale charrette. Sur le devant une jeune femme, chastement vêtue de blanc pour les époussailles de la mort, penchait avec abattement la tête sur son épaule...

Le cabaretier tressaillit tout à coup et s'écria : — Ma fille! ma fille!

A cette voix, qui dominait les clameurs de la foule, la condamnée tourna la tête avec une étrange émotion. Ce n'était point Marguerite, c'était une pauvre femme, belle et jeune comme elle, une dame d'honneur de la Reine, pensant à son vieux père à l'heure de la mort, et croyant que le cri de Taillefer était pour elle.

La charrette partit avec la populace, qui en formait toujours sa suite. Les deux amis, émus jusqu'aux larmes, entrèrent dans la plus affreuse des prisons : une fois à la Conciergerie, les prisonniers n'avaient plus qu'un jour à vivre. Dans une petite chambre humide et noire comme une cave les deux amis trouvèrent Marguerite mourante. Elle était à demi vêtue d'un corsage blanc et d'une jupe de laine noire. Agenouillée sur les dalles, les regards perdus dans un coin de ciel qu'elle entrevoyait à travers une petite fenêtre grillée, elle priait ; mais en priant Dieu pour son père elle était distraite par la pensée d'Arnould. A l'Abbaye Marguerite se trouvait souvent seule auprès d'Arnould, mais à la Conciergerie Marguerite était seule loin d'Arnould; depuis leur jugement on les avait séparés. Elle attendait ardemment le jour de la mort, espérant que du moins ce jour-là ils seraient réunis.

A la vue de sa fille Jacques Taillefer, tout éperdu, ouvrit ses bras; Marguerite vint tomber évanouie à ses pieds. Il la releva avec amour, la regarda avec délices et dit encore :
— Ma fille! ma fille!

Marguerite revint à elle. — O mon père, pardonnez-moi, dit-elle d'une voix éteinte.

La figure de Taillefer s'attrista soudainement : il pensa que Marguerite s'était enfuie avec Arnould, il craignit que la vertu de sa fille n'eût failli dans l'amour.

— Vous pouvez me pardonner, mon père, reprit Marguerite avec dignité.

A ces dernières paroles Taillefer, rassuré sur la vertu de sa fille, remercia le ciel avec joie. Puis, se penchant vers Marguerite, il l'embrassa.

— Hélas! c'est ma mort qu'il faut me pardonner, car je vais mourir, reprit Marguerite.

— Mourir! s'écria Taillefer, mourir!

— Oui, mon père; j'en ai fait le serment.

— Un serment!... Mais quelle est donc cette triste histoire? Dis-moi ce qui s'est passé depuis ce fatal automne où tu m'as laissé tout seul.

Marguerite pencha la tête, et d'une voix plus faible : — Appelez Arnould, mon père; Arnould vous dira pourquoi nous sommes si près de la mort. — Mais avant qu'il vienne, de grâce, apprenez-moi où est mademoiselle de Meseray.

— Dans la chapelle du château, dit tristement Taillefer.

— Emmeline est morte! s'écria Marguerite. Hélas! pourquoi me l'apprendre à l'heure où je croyais mourir pour la sauver! — Emmeline est morte! O mon père, ne le dites pas à Arnould!

Camille Desmoulins, qui s'était silencieusement avancé jusqu'auprès de Marguerite, sortit avec le guichetier. Il reparut bientôt ayant Arnould à sa suite. Les joues de Marguerite se ranimèrent au regard du prisonnier comme des fleurs aux rayons du soleil.

Comme Jacques Taillefer lui demandait encore pourquoi elle était en prison, Arnould s'empressa de répondre pour elle.

Au récit d'Arnould Camille Desmoulins ne put arrêter ses larmes. Il tendit les bras à Marguerite et s'écria avec admiration :

— Je suis fier de vous sauver! Vous ne mourrez pas!

— Je suis condamnée, dit Marguerite en regardant Arnould.

— Vous êtes condamnée, mais le jugement

est nul puisque vous n'êtes point mademoiselle de Meseray.

— J'ai bravé Robespierre au tribunal, j'ai dit que je regrettais de ne point mourir pour l'avoir poignardé.

Camille Desmoulins demeura pensif.

— On ne brave pas deux fois Robespierre, dit-il avec amertume; Robespierre a de longues mains qui s'étendent par toute la France pour saisir ses ennemis.

Camille releva la tête comme un homme qui se rappelle sa force.

— En dépit de Robespierre, reprit-il en saisissant la main de Marguerite, je veux vous sauver! C'est un sacrilége national de tuer des enfants! — Mourir dans la jeunesse, dans la beauté, dans l'amour! — Vous ne mourrez pas! Et d'ailleurs la vengeance de Robespierre oserait-elle vous saisir, ma jeune et belle fille?

— Hélas! rien ne l'arrête.

Camille Desmoulins se tourna vers Arnould.

— Vous ne mourrez pas non plus, *monseigneur de Longpré*. Si vous n'aimez pas le peuple, la gloire du peuple sera votre châtiment.

— Je veux mourir, dit Arnould avec calme.

— Vous voulez mourir, enfant que vous êtes! mourir quand vous êtes dans le jardin de la vie! mourir! Le ciel est donc bien noir pour vous? Songez que la mort ferme à jamais nos yeux. Cette prison est sombre comme la nuit, la tombe est plus sombre encore. — Mourir! Vous avez donc oublié votre pays, votre ciel, vos montagnes, vos vallées? — Encore si c'était pour le peuple et pour la liberté; mais mourir pour la noblesse et pour l'esclavage!

— Je veux mourir, reprit Arnould avec insouciance; aujourd'hui la mort est le seul exil digne de la noblesse.

Camille tendit la main à Arnould.

— Vous avez un grand cœur, lui dit-il, et je croirais encore à la noblesse si tant de hauts et puissants seigneurs ne s'étaient lâchement exilés chez nos ennemis. Puisque vous défendez votre mort comme d'autres défendent leur vie, mourez donc.

— S'il meurt, dit Jacques Taillefer, Marguerite mourra.

Un éclair de joie brilla dans les yeux de la jeune fille. Elle regarda Arnould comme pour lui donner du courage.

— Ils sont partis ensemble d'Origny, reprit Taillefer; ils n'y retourneront pas ou ils y retourneront ensemble. Sans plus tarder il faut choisir : il faut se marier ou mourir.

Arnould pencha tristement la tête. — D'un regard avide Marguerite essayait de lire sa pensée.

— Ce sera un glorieux mariage, dit Camille Desmoulins; la fille de Taillefer!

— Que mon cabaret n'offusque pas ses yeux de grand seigneur, reprit le tribun d'O- rigny, car je donne en dot à ma fille le château de Meseray.

— Le château de Meseray! s'écria Arnould en pâlissant.

Et d'une voix émue : — Et Emmeline? reprit-il.

— Elle est morte, répondit Camille Desmoulins.

Arnould fut abattu.

— Et de sa belle mort, dit Taillefer; ses os reposent en paix au château, et Dieu a recueilli son âme.

— Pauvre Emmeline! pensa Marguerite, elle est morte seule.

Arnould était abîmé sous la douleur.

Après un silence pénible pour tous Jacques Taillefer dit : — Est-ce l'autel ou l'échafaud?

Marguerite s'élança auprès d'Arnould.

— De grâce, n'ayons point d'autre autel que l'échafaud!

— J'épouserai Marguerite, dit Arnould à Jacques Taillefer.

Puis en se détournant il murmura : — Il faut sauver sa vie et sa vertu, mais après Marguerite j'épouserai la mort.

Camille Desmoulins, qui entendit seul ces dernières paroles, pressa silencieusement la main d'Arnould.

III

Un matin que la grande ville se reposait de ses orgies Camille Desmoulins retourna à la Conciergerie, demanda les prisonniers au geôlier, en répondit sur sa tête, et les conduisit dans un vieil hôtel de la rue Dauphine où était descendu Jacques Taillefer.

— Vous allez partir tout de suite, dit-il au

cabaretier d'Origny. Le temps n'est guère favorable aux ennemis de la république; les furoristes lèvent partout la tête, et je crois qu'il serait imprudent à cette heure de se soumettre à un autre jugement. Dites là-bas que ces enfants ont été emprisonnés par mégarde pendant une émeute; j'espère qu'ici ils seront oubliés; la guillotine n'a pas le temps de se ressouvenir.

Camille pâlit et soupira.

—Si les juges ont de la mémoire je leur raconterai l'histoire de ces nobles cœurs, et, à moins que les juges ne soient de ces nouveaux cordeliers, de ces autres docteurs Sangrado du peuple français dont le père Duchêne prêche les grandes vertus avec tant d'esprit et d'élégance, ils ne parleront plus des prisonniers pour les condamner, mais pour les plaindre. — Adieu, Taillefer. Si nous allons à l'échafaud, que ce soit pour la liberté; et si la mort vient nous prendre, crions en la voyant : Vive la liberté ! — Adieu, mes jeunes amis. Ne vous avisez plus de vivre dans le noir ; la jeunesse est de la couleur de l'aurore. Soyez jeunes ! et songez longtemps encore que l'amour vaut mieux que la liberté. — Chut ! reprit Camille avec un demi-sourire en regardant autour de lui.

Jacques Taillefer embrassa son célèbre ami en pleurant. De grandes idées tourmentaient sa tête, mais il avait le cœur trop oppressé pour parler.

Le jour même il se mit en route pour Origny avec Arnould et Marguerite. Le voyage fut silencieux. Arnould pensait à Emmeline : emportée par l'amour, son âme allait profaner le mystère du tombeau de son amante ; il éprouvait un triste plaisir à soulever les lambeaux du linceul, à entrevoir les restes de ce beau corps qu'il avait idolâtré. Il ne pouvait s'imaginer que mademoiselle de Meseray eût subi les ravages de la mort; il la voyait couchée au fond d'un cercueil, mais belle encore, pâle, les paupières closes, les bras en croix comme les vierges antiques; il lui semblait impossible qu'une si belle fille devînt un hideux squelette. De temps en temps il pensait à sa mère, à ses sœurs, à l'humble maison où il avait grandi; de temps en temps ses regards se reposaient sur la douce figure de Marguerite. Alors il devenait plus triste que jamais, il craignait que le mariage ne fût pour lui une prison plus sombre que l'Abbaye.

Marguerite pensait sans cesse à Arnould. Elle se promettait de trouver d'éternels obstacles à ce triste mariage que voulait son père. Parfois un riant paysage s'ouvrait dans son âme; çà et là dans le champ de l'avenir se ranimaient de vertes espérances; au ciel les nuages se dissipaient, et déjà l'azur reparaissait à l'horizon ; elle croyait encore à ses innocentes séductions : Emmeline était morte, le cœur d'Arnould devait lui revenir ; mais bientôt s'effaçaient toutes ces chimères : l'avenir n'était plus qu'un désert infini où ne verdoyait nul oasis. Elle pressait d'une main convulsive le petit flacon d'opium et elle murmurait : — Le jour du mariage, quand je descendrai de l'autel ce sera pour aller dans le cimetière.

Jacques Taillefer, qui avait dans la mémoire une vaste galerie d'images républicaines, songeait à tous ces fiers tribuns qui péroraient avec tant d'audace ; il songeait à ce Paris volcanique jetant au loin, en province, à l'étranger, des échafauds et des armées, à cette ville impie où il n'y avait plus ni Dieu ni diable, à cette terre féconde où Voltaire, Rousseau, Mirabeau, Camille Desmoulin avaient semé la liberté, et qui avait enfanté l'échafaud.

LIVRE IX.

Les Visions.

I

Les deux prisonniers furent mal accueillis en leur petite ville; les meilleurs amis de Jacques Taillefer et de madame de Longpré osaient à peine élever la voix en leur faveur. Arnould, qui avait déployé tant de bravoure, était le but de toutes les bravades; Marguerite, la chaste et généreuse fille, était profanée, du moins poursuivie par les sourires moqueurs, les regards méprisants, les satires amères de ses compagnes; mais Arnould dédaignait les bravades, et Marguerite s'élevait orgueilleusement au-dessus du mépris sur sa croix de douleur, comme Jésus au-dessus des juges qui l'insultaient.

Quelques jours après son retour, au coucher du soleil, Arnould, douloureusement ému par le souvenir d'Emmeline, descendit la montagne d'Origny par un chemin couvert de givre, et suivit un sentier perdu du bois de Meseray sans savoir où il allait.

L'hiver déployait ses rigueurs depuis quelques jours sur la nature à l'agonie; le soleil se cachait, les champs étaient nus et déserts, le givre garnissait les branches dépouillées d'un feuillage d'argent qui donnait un singulier éclat au paysage. C'était un temps triste et désolant; partout le silence, partout la mort;

des volées de corbeaux planaient en jetant leurs croassements lugubres; les oiseaux s'assemblaient par familles et s'en allaient en campagne, pleurant sur les frimats et sur la disette; de toutes parts c'étaient un horizon embrumé, sans soleil, sans verdure, sans joie, sans espérance; le vent s'arrêtait comme si la nature eût perdu le souffle.

Arnould marchait lentement, en homme qui ne songe qu'à se promener. C'était une étrange promenade que ce bois muet dont les arbres avaient l'air de grands fantômes tendant les bras.

Il s'égarait dans les ténèbres d'un triste souvenir d'amour; le passé lui cachait le présent : il ne voyait ni le sentier blanchi dont l'herbe murmurait sous les pieds, ni le ciel encadré par les grands arbres, ni l'approche de la nuit, qui brunissait déjà les lointaines échappées du bois.

Au cri d'un oiseau de proie niché dans un tronc de saule il sembla sortir de sa rêverie ; il s'arrêta, et, levant la tête, il vit du premier regard un hibou qui venait de s'éveiller et qui aiguisait son bec à l'écorce du saule. Cette lugubre apparition le fit sourire, mais d'assez mauvaise grâce, car en même temps il ne put réprimer un léger sentiment de frayeur ; le jour venait de s'éteindre, et tout d'un coup il avait senti le froid de la nuit, de la solitude et du silence, comme le froid de l'hiver. Arnould était d'ailleurs de ces natures faibles et timides que le danger seul aguerrit ; les contes de revenants avaient traversé toutes les idées de son enfance, et, en dépit de son dédain pour les rêveries des aïeules, il ne pouvait repousser certaines bouffées qui lui revenaient de ce temps-là. Ainsi, quand il se vit seul, la nuit, dans le sentier désert d'un bois, il devint pâle et n'eut point la force de résister au courant fantastique qui le saisit. Toute l'aurore de sa jeunesse repassa sous ses yeux; il revit ses amoureuses années entrelacées comme des guirlandes de roses flétries. A ces charmantes visions il s'en mêla d'autres; et peu à peu les riantes couleurs s'effacèrent, les formes perdirent leurs grâces, et de funèbres images s'agitèrent sur le fantastique tableau.

Plus pâle et plus ému, Arnould se remit en route d'un pas rapide, comme pour échapper à ces douloureux échos d'un passé tout palpitant. La nuit était venue; la brume des marais enveloppait le ciel et la terre. Dans son empressement à sortir du bois il s'égara, et durant plus d'une heure il essaya vainement de retrouver son chemin. Il allait comme un fou, se déchirant aux églantiers, s'enchaînant dans les ronces, perdant et reperdant son feutre. Las de lutter en vain, il s'arrêta avec un désir de résignation digne d'un anachorète; mais ce désir s'effaça bientôt. Les pénitents du mont Carmel ne se fussent point résignés à passer la nuit en pareil temps et en pareil lieu.

Il s'était arrêté sur le penchant d'une petite butte semée de rochers, qu'il n'avait jamais rencontrée en traversant le bois. Il regarda de tous côtés, espérant encore découvrir quelque phare salutaire. Longtemps ses regards furent perdus; — enfin une lumière passa comme un feu follet. Il en ressentit tout à la fois de la joie et de la frayeur, car cette lumière lui rendait l'espoir de sortir du bois en même temps qu'elle réveillait toutes ses fantastiques idées.

La lumière reparut, s'effaça, reparut encore; on eût dit qu'elle s'élevait au ciel. Arnould la prit pour guide comme dans les contes de fées; il se remit à lutter contre les branches. En quelques minutes il arriva, tout palpitant d'effroi, devant le portail où tant de fois il était arrivé tout palpitant d'amour.

— Emmeline! Emmeline! murmura-t-il en s'appuyant contre les débris de la porte.

Ce nom, parti du fond du cœur, coupa le silence; un chat-huant perché dans les tours répondit par ses cris funèbres.

II

Arnould regardait le château avec compassion et murmurait tristement : — Te voilà donc, vieille demeure des Meseray si superbe encore le jour de ta chute! Où êtes-vous, bannière des lys, fronton blasonné? où es-tu, porte de fer qui défendais les nobles habitants de cette solitude de toutes les puissances du monde? Il n'y a plus ni portes ni bannières; la force et l'orgueil sont à jamais abattus.

Arnould était tombé dans une douleur infinie; l'horrible nuit du combat se retraçait en sa mémoire sous les plus sanglantes couleurs: il voyait M. de Meseray luttant jusqu'à la mort avec ses ennemis, le septembriseur, avide de carnage, cherchant des victimes d'un regard de tigre, la courageuse Marguerite secourant tout le monde, puis Emmeline, accablée sous la douleur et l'effroi, immobile et pâle comme une morte.

Tout à coup il agita les bras avec colère:

— Hélas! s'écria-t-il, que ne puis-je venger Emmeline!

Et, levant son regard sur le squelette du donjon, il reprit:

— Que ne puis-je te venger aussi, géant désarmé!

Il passa sous la voûte du portail et s'avança

rapidement vers le perron. Tout haletant, il s'arrêta au seuil du donjon et regarda la porte délabré.

Le vent qui passait par les vitres brisées, les aboiements plaintifs du chien d'une ferme voisine, les battements d'ailes des chouettes coupaient le silence par intervalles.

Il demeura quelque temps à la porte ; il se sentait défaillir, il n'osait aller plus loin ; sa pensée s'égarait dans un douloureux abîme où lui apparaissaient de lugubres images. Enfin, riant de ses frayeurs d'enfant, il franchit le seuil d'un pied alerte et s'avança à l'aventure, résolu de réveiller la vieille gouvernante pour lui demander l'hospitalité, ou de passer la nuit sur le premier fauteuil venu, à l'abri du froid sous un lambeau de tapisserie. Bientôt il ne flotta plus, il fut séduit par la sombre idée de passer solitairement la nuit dans cette grande sépulture où reposait son amante.

En arrivant dans la seconde salle il fut étrangement surpris à la vue d'un rayon de lumière tremblant sur les dalles. Ce rayon venait de la cheminée, où se consumait lentement une bûche de chêne. Arnould s'en approcha avec un sentiment de joie : depuis plus de deux heures l'hiver s'appuyait sur ses épaules comme un manteau de marbre, et dans cette mauvaise nuit le feu devenait son dieu.

Il réchauffa son âme et son corps; et ses yeux, las d'errer dans la nuit, se reposèrent sur la lumière.

Quand il eut vingt fois passé ses pieds et ses mains sur le brasier il ranima la bûche à son souffle, et regarda à cette pâle clarté la salle où il se trouvait. C'était une vaste salle d'un aspect froid et sévère ; les murailles étaient simplement revêtues de boiseries de chêne, dont les grossières sculptures offraient encore à l'œil la mutilation des révoltés; quatre colonnettes de marbre blanc soutenaient de colossales solives brunies par le temps et par la fumée; un cadre immense où restaient encore divers fragments de glace s'abaissait sur la cheminée; aux quatre fenêtres de vieux rideaux de lampas semblaient lutter contre la bise; à chaque instant les anneaux criaient sur les flèches dorées et le lampas balayait les dalles; il restait à peine quelques vitres aux croisées, et la salle n'était défendue de la bise que par les rideaux.

Au fond de la salle deux vieux portraits de famille gothiquement encadrés semblaient veiller à la garde du château; leur attitude guerrière était digne des héros anciens : ils levaient superbement la tête, et, la main sur leur épée, ils défiaient tous les chevaliers du monde. En face de la cheminée, entre ces deux portraits, une niche déserte attirait encore le regard par ses ornements : un feuillage de pierre s'étendait à l'entour ; à travers ce feuillage on voyait la tête et les cornes d'un cerf fuyant une meute affamée. Cette niche avait abrité durant un siècle une statue en marbre de Diane chasseresse. Le septembriseur, qui n'aimait ni les saints ni les saintes, brisa dans sa colère la statue païenne, et se réjouit d'avoir délivré la terre d'une sainte Cécile ou d'une sainte Élisabeth. Le mal ne fut pas grand, car cette chasseresse était une mauvaise chose, due sans doute au génie méconnu d'un sculpteur de province.

Sous la niche déserte un pastel renversé arrêta longtemps le regard d'Arnould : c'était la pâle et triste image de la mère d'Emmeline à son lit de mort. Elle était négligemment vêtue d'une robe blanche qui ressemblait à un ample linceul; sa longue chevelure s'éparpillait sur ses épaules; comme tous les portraits du temps elle respirait un bouquet de roses.

Ce bouquet, à la main d'une mourante qui le respirait avec amertume, déchirait tous les cœurs.

Arnould était violemment ému ; les traits de la mère lui rappelaient ceux de la fille, il revoyait Emmeline dans madame de Meseray. Durant plus d'une heure il demeura en contemplation devant le pastel, abandonnant son âme aux secousses les plus douloureuses, parfois retrouvant encore des espérances, des illusions, des enchantements, mais souvent enseveli dans ses regrets.

Ce portrait était la seule chose que le septembriseur eût respectée dans la salle : en voyant madame de Meseray il s'était souvenu de sa mère.

III

En se relevant Arnould ramassa par mégarde quelques lambeaux de parchemins épars sur les dalles. Comme le feu s'éteignait et que la nuit revenait dans la salle, il retourna devant l'âtre, agita la bûche d'un pied tremblant, et prévit avec douleur qu'elle serait bientôt consumée. Il lui vint la curiosité de lire la vieille écriture des parchemins. Le premier était un acte du 16ᵉ siècle renfermant une sentence des terres souveraines de Meseray. Dans cette sentence, où se révélait l'orgueil nobiliaire et le despotisme féodal, Arnould parvint non sans peine à lire ces lignes superbes :

« Audit seigneur, à cause de la seigneurie
« souveraine de Meseray, appartient les di-
« gnitez, prééminences, autoritez et puis-
« sances, droits et domaines, à sçavoir de se
« pouvoir dire et nommer *sire ou roi* desdites
« terres, y pouvant porter couronne *d'or ou*
« *d'acier*, reconnaissant icelle tenir de Dieu et
« non d'hommes ;

« Ledit seigneur ayant droit de nommer
« en ses dites terres gouverneur, chancelier,
« baillif, juge, sergent, notaire, grand-maître
« des eaux et forêts ;

« Ayant droit en ses dits païs de faire bastir

« villages, châteaux, forteresses ; de forger
« monnoy au coin de ses armes, lever gens
« de guerre, décerner priviléges, lettres pa-
« tentes... »

Arnould en était là de cette sentence pompeuse quand il crut entendre un léger bruit de pas.

Il tourna la tête en retenant son souffle : il ne vit rien que les rideaux toujours agités par la bise. Il pensa que le bruit venait des fenêtres et se remit à la lecture des parchemins.

Le second n'offrait plus à l'œil qu'une griffe royale et un sceau rouge à demi effacé ; les autres étaient des chartes des 12e et 13e siècles. Arnould savait trop mal le latin pour s'amuser à les lire à la fantasque et mourante clarté du feu ; il aima mieux réfléchir au glorieux passé de la seigneurie des Meseray. Il vit apparaître les braves chevaliers qui ne devaient leur souveraineté qu'à Dieu, ou plutôt à leur courage; le château en ruine redevint pour un instant l'antique et superbe manoir des sires de Meseray; sous les yeux d'Arnould la salle prit des formes gigantesques, les colonnades grandirent, les solives s'élevèrent, les boiseries se couvrirent d'armes de tous les temps; il vit passer la noble famille tout empanachée dans sa gloire, les uns ayant sur le front une couronne d'or et présidant une cour de justice, les autres s'armant pour aller combattre leurs voisins; peu à peu ces têtes fièrement levées s'inclinaient devant Dieu, puis devant les rois de France, puis devant la robe rouge de Richelieu; peu à peu le château redevenait l'humble demeure d'un humble châtelain; et enfin cette puissante famille de Meseray, comme toutes les familles des grands seigneurs, après avoir bravé le ciel et la terre, finissait par s'agenouiller devant le peuple.

Arnould suivait les seigneurs de Meseray

dans leur grandeur et dans leur chute; il évoquait tous les souvenirs de cette race illustre qui venait de tomber sous la faux du peuple; il enviait ces superbes chevaliers armés de pied en cap, s'en allant combattre pour Dieu ou pour l'amour; il plaignait ces gentilshommes déchus perdant chaque jour un peu de cette puissance qu'ils croyaient devoir à Dieu seul jusqu'au jour terrible où le peuple levait la tête au-dessus d'eux.

— Hélas! dit Arnould en regardant tour à tour le squelette du château et les parchemins, hélas! de tant de grandeurs voilà donc tout ce qui reste!

IV

Arnould s'était assis dans un vieux fauteuil doré, et, la tête penchée sur le marbre de la cheminée, il écoutait les battements des rideaux en songeant à la grande comédie humaine qui s'était passée au château et qui s'était dénouée par la mort d'Emmeline; il voyait se dérouler toutes les étranges scènes de cette comédie au jour fantasque du demi-sommeil. Il espérait s'endormir et ne se réveiller que le matin. Il s'était traîné jusqu'aux cendres de l'âtre, et l'hiver n'atteignait que ses épaules. Il pensait bien de temps en temps à détacher un rideau pour s'en couvrir, mais la paresse du coin du feu l'enchaînait dans son fauteuil.

Il regardait les débris de la bûche d'un œil à demi clos quand un gémissement traversa la salle et ne s'arrêta qu'au fond de son cœur. Il se réveilla tout d'un coup, ému comme une feuille au premier souffle du vent; il tourna la tête avec un sentiment indéfinissable de surprise et d'effroi. Il entrevit d'abord les blanches colonnades se dessinant dans l'ombre, et peu à peu, quand se fut dissipé son éblouissement, il distingua au bout de la salle les cadres dorés des portraits. Il pensa qu'au milieu de cette nuit d'hiver il fallait être insensé comme lui pour venir au donjon. Il savait bien que l'ancien curé d'Origny habitait le château avec la gouvernante de M. de Meseray; mais ces deux vieillards presque centenaires dormaient sans doute à cette heure. Il finit par croire que la bise seule avait gémi dans la salle ; et, dans cette croyance, il essaya de se rendormir; mais, tourmenté par sa frayeur, il appela vainement le sommeil; et, las de trembler comme un enfant, il se leva et fit le tour des colonnades pour s'assurer que nul n'était dans la salle.

Il arrivait devant la niche de la chasseresse quand il vit en se retournant glisser une ombre devant la cheminée. La frayeur le ressaisit avec violence ; son souffle s'arrêta sur ses lèvres, ses yeux se couvrirent d'un voile, ses bras tombèrent lourdement. Il retourna sur ses pas avec des défaillements sans nombre. Mais en vain il chercha la vision d'un œil égaré, il ne vit plus que les colonnades, les rideaux, les boiseries; il ne vit plus devant la cheminée que le fauteuil délabré où il s'était mis à l'abri du froid. Il crut que la vision n'était qu'un jeu de ses rêveries, et il se remit à marcher dans la salle, agitant ses bras pour repousser l'humidité glaciale qui l'entourait.

Involontairement il s'arrêta encore devant la niche déserte pour revoir le pastel où la mère d'Emmeline souriait avec tant de mélancolie. Ne le trouvant pas d'abord quoique le feu jetât sous la niche son plus clair reflet, il traîna sa main sur les dalles et contre la boiserie. Ce ne fut pas sans une grande surprise qu'il vit le portrait dérangé. Cette fois il ne douta plus de la vision; il sortit en toute hâte du château et s'enfuit lâchement au travers du bois, poursuivi par ses frayeurs.

La bise avait peu à peu balayé les nuages; la lune et les étoiles regardaient les arbres tout panachés de givre; les hiboux, nichés dans les tours solitaires du donjon, jetaient dans les airs leurs cris désolants.

V

Arnould finit par retrouver le chemin d'O-
rigny; vers deux heures du matin il arriva
devant la maison de sa mère, pâle et haletant
encore. Il sonna d'une main tremblante. La
servante, qui l'attendait, vint lui ouvrir la porte,
et lui demanda quelle étrange aventure l'avait
tant attardé. Il ne répondit pas, il saisit la

lampe dont elle s'éclairait et gravit l'escalier de sa chambre avec la vitesse d'un chat. En face de son lit il respira enfin, et rit de sa terreur. Cependant son rire avait toute la mine d'une grimace.

Il se promena durant quelques minutes, obsédé par mille visions. Pour les chasser il prit dans sa bibliothèque le premier livre venu, se coucha et se mit à lire en attendant le sommeil.

Le livre était un traité de l'immortalité de l'âme du révérend père Michaud, docteur en théologie, à la date de 1606, imprimé à Troyes en caractères italiques et couvert d'un parchemin d'échiqueté par les vers. Durant quelques minutes il le feuilleta sans pouvoir y mordre : les nuageuses pensées de ce livre ne se voyaient guère au travers du style le plus obscur du monde. Il finit pourtant par s'attacher à quelques passages en harmonie avec son imagination. Au second chapitre le révérend père Michaud raconte comment les âmes des défunts que nous aimons viennent voltiger autour de nous, la nuit, quand nous sommes dans le recueillement et la solitude; et, à l'appui de cette idée, il cite une foule d'histoires profanes et sacrées.

Arnould se laissa indolemment convaincre; plein de foi dans la parole du théologien, il lut toutes les histoires d'âmes errantes sur la terre. Élevé dans les austérités de la religion catholique, il était loin de croire qu'un révérend père osât écrire un mensonge dans un livre fait pour la gloire de Dieu.

Las de lire, il pencha la tête sur l'oreiller, éteignit la lampe et s'endormit, en proie à l'idée que les âmes des morts reviennent en ce monde.

La matinée s'avançait quand il s'éveilla; son corps était apaisé, son âme rafraîchie. Il alla s'appuyer à sa fenêtre. Le ciel éclairci demeurait morne; vêtue d'un manteau de givre, la terre était éclatante; les pauvres maisons d'Origny semblaient couvertes de toits d'argent; le vieux tilleul balançait légèrement sa tête blanchie.

Tout en regardant les grappes brillantes suspendues aux branches il vit Marguerite sur le seuil du cabaret, triste comme de coutume, suivant des yeux à ses pieds quelques moineaux en disette. Elle disparut, revint au même instant et sema des miettes de pain devant la porte. Les oiseaux, apprivoisés par la faim, becquetèrent de plus belle. La pauvre fille prenait un doux plaisir à les voir si gourmands; sa figure s'anima d'un sourire rêveur qui enchanta Arnould et qui dissipa tous les fantômes de la nuit.

Il oublia sa vision et ses lectures et ses songes; il déjeûna le mieux du monde et alla voir Marguerite. Il la trouva attrayante, et crut renaître à ses premières amours. Mais vers le soir son âme s'attrista; le fantôme d'Emmeline repassa sous ses yeux, un douloureux écho traversa son cœur. Il retourna voir Marguerite pour se distraire. Marguerite souffrait : elle le laissa avec son père, qui déplorait en ce moment la mort de la Reine et des girondins.

— O Camille, Camille! disait Jacques Taillefer avec désespoir, tu les as perdus ces martyrs illustres, tu les a perdus, toi qui devais les sauver! O Camille! c'est une mauvaise œuvre; cela te portera malheur!

La soirée se passa lentement pour Arnould; il était morne et silencieux, écoutant à peine les admirables divagations de Jacques Taillefer. Le pauvre homme était abattu ce soir-là, il souffrait de tous les maux de la France.

Il dit à Arnould que les représentants du

peuple perdraient le peuple par leurs violences, qu'il voulait s'en laver les mains, qu'il enverrait sa démission pour donner un désaveu à toutes les tyrannies du moment, et qu'il irait chercher un refuge au fond du bois de Meseray, dans quelque trou du donjon. Ce n'était pas la première fois que Jacques Taillefer parlait d'habiter le vieux château; il était las d'entendre à tout instant des prières et des menaces; là-bas, dans la solitude, loin des clameurs, il espérait se reposer enfin de ces fatigantes années où il avait tant lutté pour des frères ingrats.

Arnould sortit en l'encourageant dans ce dessein.

Le ciel étincelait d'étoiles : au lieu d'aller se coucher le visionnaire se promena et poursuivit les spectres de la veille. Involontairement il descendit la montagne du côté du château. En voyant la lisière du bois il pensa à revenir sur ses pas; il s'arrêta, il fut indécis; enfin il franchit la lisière, entraîné par un sentiment indéfinissable où s'agitaient tout à la fois l'amour, la curiosité, l'espérance, l'attrait du mystère.

VI.

Le ciel était moins noir que la veille; la lune levait au sud sa corne d'argent, les frileuses étoiles tremblaient dans leurs lits de nuages; le silence du bois était coupé par les sifflements de la bise, qui abattait des grappes de givre aux grands chênes; par intervalles le cri d'un oiseau de proie traversait les airs en éveillant les échos de la vallée.

Arnould avançait toujours dans un monde lugubre de spectres. Cette fois il suivait sans détour le chemin du château, où il arriva bientôt. En passant sous le portail il vit de la lumière dans une salle du donjon : espérant trouver le curé ou la servante, il s'en fut à cette salle. Un grand fauteuil servait d'appui aux deux battants délabrés de la porte : il dérangea le fauteuil et passa sans obstacle.

Un petit luminaire brûlait sur la cheminée; dans l'âtre un menu fagot couvert par deux grandes bûches n'attendait qu'une étincelle pour s'enflammer. Devant la cheminée, sur une table en chêne à pieds recourbés, un grand plat d'étain à demi caché sous une nappe attira les yeux d'Arnould. En détournant la nappe il découvrit un restant de volaille et une fourchette de fer : il pensa que c'était le souper du prêtre, et il attendit en paix son arrivée. Mais bientôt, las d'attendre, il prit le luminaire et monta à la chambre où était le lit du vieillard.

Il trouva le vieillard dormant d'un sommeil si calme qu'il sortit sans songer à l'éveiller. En revenant dans la salle il voulut allumer le fagot; la bise était glaciale, on l'entendait gémir dans les corridors, et alors rien ne semblait plus doux que le feu.

Les souvenirs de la dernière nuit assaillaient Arnould; son caractère, déjà flottant, s'affaiblissait dans cette antique solitude, qui n'était plus pour lui que le tombeau d'Emmeline. Toutes les histoires d'âmes revenantes du révérend père Michaud repassèrent en son esprit; il s'imagina sans peine qu'en demeurant toute une nuit au château l'âme de mademoiselle de Meseray descendrait le *visiter*, suivant l'expression du saint homme; il résolut, malgré l'effroi dont il se défendait vainement, d'attendre le jour au donjon devant l'éclat et les distractions endormantes d'un grand feu.

Mais la salle où il se trouvait lui déplut: elle était plus nue et plus froide encore que celle où la veille il avait eu des visions. Il prit le luminaire d'une main, les bûches et le fagot de l'autre, et s'en alla vers la première salle. Il y retrouva le vieux fauteuil doré, les rideaux de damas, les lambeaux de tapisseries, les portraits de famille, les débris de la glace; c'était aussi le même bruit confus d'anneaux glissant sur les flèches, de sifflements de bise, d'appels sinistres d'oiseaux de proie.

Arnould était accoutumé à cette salle comme s'il l'eût habitée toute sa vie; il fut heureux d'avoir pensé à y revenir. En moins d'une minute le fagot flamba et les bûches pétillèrent. Il fit le tour des piliers en s'éclairant du luminaire; il s'arrêta encore pour admirer le portrait au pastel de madame de Meseray; il s'arrêta aussi devant une tapisserie où gambadaient des faunes et des satyres; il s'amusa des entrechats et des figures épanouies des danseurs. Il revint tout égayé au foyer, où il espérait braver le sommeil et le froid.

En déposant son luminaire il trouva sur le bord de la cheminée un livre fermé par deux agrafes d'argent; c'était les *Heures de la reine Blanche*. Ce titre peu attrayant rebuta Arnould, et il aima mieux rêver que de lire les oraisons de la sainte de Castille. Il se renversa dans le fauteuil, appuya ses pieds sur les chenets, et, les regards perdus dans la flamme, il s'abandonna nonchalamment au cours des flottantes rêveries. Ses yeux, fatigués de l'éclat du feu, se fermèrent peu à peu, et il devint la proie des mille visions du demi-sommeil; il voyait passer confusément sur un fond obscur Emmeline et Marguerite. De temps en temps il rouvrait les yeux en tressaillant pour s'assurer de ses songes, il regardait dans la salle; et, ne voyant rien, il retombait bientôt dans ses vapeurs somnolentes. Enfin il s'endormit.

Il se réveilla tout égaré par ses rêves. Le feu s'était apaisé, le luminaire allait s'éteindre. Il frissonna, et son premier soin fut de se rapprocher de l'âtre.

La flamme vacillante faisait trembler son ombre par toute la salle; en la voyant il ne put réprimer un mouvement de frayeur.

— Je suis comme Robespierre, dit-il en essayant de sourire, j'ai peur de mon ombre.

Tout à coup il entendit battre une porte. Il se leva vivement et marcha vers un des piliers.

Il distingua dans le fond de la salle une forme blanche qui venait de son côté; il se détourna involontairement. Alors, comme par miracle, le luminaire s'éteignit.

Et Arnould entendit les pas étouffés de la forme blanche, qui s'avançait lentement, lentement vers l'âtre, dont la flamme s'évanouissait.

Bientôt il entrevit la figure du fantôme, la figure d'Emmeline. Plus pâle, plus ému, plus chancelant, il s'appuya contre le pilier.

Le fantôme s'arrêta devant la cheminée, se pencha sur le feu, et murmura d'une voix faible : — J'ai froid.

VII

A cette voix adorée, Arnould éperdu voulut s'élancer vers la vision; mais ses pieds, glacés sur la dalle, ne purent s'en détacher. Il voulut tendre ses bras; mais ses bras, à peine levés, retombèrent lourdement; il voulut parler, mais sa bouche était morte.

La vision demeurait devant le feu; il la contemplait d'un regard avide. Il crut la voir enveloppée d'une ample draperie blanche, n'ayant d'autre coiffure que ses blonds cheveux, qui s'éparpillaient négligemment sur ses épaules.

Il était tourmenté des rêves les plus étranges; il oubliait la mort d'Emmeline, il croyait revoir son ange d'autrefois, il voulait s'élancer à ses pieds; mais alors une autre idée l'arrêtait : il avait peur de tomber devant un fantôme qui le regarderait sans yeux et qui lui sourirait sans lèvres.

Enfin il ressaisit tout son courage et parvint à se traîner auprès d'Emmeline.

En ce moment la flamme mourante de l'âtre s'éteignit comme le luminaire; les derniers tisons répandaient à peine devant la cheminée la pâle clarté de la lune.

— Emmeline! dit Arnould d'une voix étouffée.

La vision se releva soudain.

— Emmeline! dit encore Arnould en tendant les bras.

— Arnould! murmura le fantôme, enfin vous voilà venu! il y a si longtemps que je vous cherchais!

Arnould égaré voulut saisir l'ombre de son amante.

— Je suis morte, Arnould; ne me touchez pas.

Arnould recula avec un sentiment de terreur.

— Emmeline! les morts ne reviennent pas, vous n'êtes pas morte.

Il s'avança encore vers la vision, qui s'évanouit dans l'ombre de la salle.

Il l'appela, il la poursuivit en vain.

Et, le cœur palpitant, la tête perdue, il revint au coin du feu et se laissa tomber dans le fauteuil.

— Est-ce un rêve? dit-il en passant ses

mains dans ses cheveux. — Est-ce un rêve?
se demanda-t-il à diverses reprises.

Ses yeux errants voyaient toujours l'ombre
d'Emmeline penchée sur le feu, ses oreilles
entendaient toujours ces étranges paroles du
fantôme : — *Je suis morte*.

Ne voulant pas demeurer sans feu, il ramassa sous ses pieds un éclat de chêne, le fit
flamber sur le brasier, en ralluma le luminaire et s'en fut à la recherche de quelque
bûche ou de quelque fagot.

A peine à la porte, une autre idée lui vint.
La clarté du luminaire avait un peu dissipé
ses frayeurs : il doutait déjà de l'apparition
d'Emmeline, il finissait par se croire le jouet
d'un songe.

Pour éclaircir ses doutes, pour s'affermir
dans sa croyance, il pensa donc à suivre les
traces de la vision. Au fond de la salle la porte
dont il avait entendu le battement était ou-

verte : il dépassa le seuil avec émoi, et se trouva dans l'oratoire du château.

VIII

Arnould vit d'abord un prie-dieu d'une sculpture ravissante entre deux saints nichés dans la muraille; sur le prie dieu il vit un missel gothique, d'un côté un grand chandelier de bois noir, de l'autre une pyramide de vieux livres de dévotion.

Au-dessus, près d'un christ d'ébène, la

vieille servante avait suspendu l'épée brisée de M. de Meseray, afin, disait-elle, qu'en priant Dieu on se souvînt de son maître.

Cette épée cachait à demi cette inscription, que le septembriseur avait vainement essayé d'effacer : *Contre Dieu nul ne peut.*

L'oratoire avait d'ailleurs été préservé des ravages du peuple; les saintes images, les divins ornements avaient désarmé les plus mauvais; le peuple, tout arrosé de sang humain, dans la démence du carnage, le peuple, qui venait de passer par le meurtre, s'était arrêté tout tremblant et tout frémissant à l'aspect vénérable d'un christ d'ébène.

Sur les boiseries, sculptées par un artiste plus catholique que gracieux, étaient encore appendues une armure du 12e siècle, une couronne de fer à fleurons, un gantelet, un écu, un casque, un cor, un capuchon d'acier et diverses armes anciennes.

Le prie-dieu était en face d'une fenêtre gothique où s'entrelaçaient les mille bras du lierre; la bise passait par ces vitres naturelles, et Arnould, craignant pour sa lumière, voulut aller plus loin ; mais il ne trouva point d'autre issue que la porte d'entrée; et il pensait déjà à retourner sur ses pas quand il se souvint confusément que derrière le prie-dieu la boiserie s'ouvrait sur un petit escalier en spirale descendant dans les voûtes où gisait toute la grande famille de Meseray. Il lui vint un désir ardent de voir le tombeau d'Emmeline. Assailli de mille idées à la fois, il avait presque oublié la vision.

Il passa derrière le prie-dieu, ouvrit sans peine la boiserie et descendit le petit escalier. Au bas il se trouva devant une grille à demi brisée durant le pillage du château. Il poussa du pied le seul battant qui eût résisté aux violences du peuple, il descendit un autre escalier, et pénétra dans la grande sépulture.

Les sombres échos répétaient alors le battement de la grille.

Dans le fond il vit briller deux lampes d'argent dont la lumière était obscurcie par l'humidité des voûtes. Ces voûtes, qui étaient immenses, s'appuyaient sur des pilastres d'un style gothique où grimpaient des araignées et des escargots.

Arnould s'avança vers les deux lampes. Il marchait légèrement comme s'il eût craint de fouler la cendre des Meseray. Il respirait à peine; son front s'arrosait de sueur, son cœur battait avec violence.

Ses yeux errants s'arrêtèrent bientôt sur un grand christ d'ivoire qui semblait veiller et défendre les morts. Arrivé au pied de la sainte croix, il s'agenouilla et pria le Sauveur du monde pour le repos de l'âme d'Emmeline.

Il se releva en pensant qu'il avait devant les yeux toute la gloire d'une grande famille. Calmé par la prière, il franchit l'enceinte des tombeaux et se pencha pour voir les épitaphes : là c'était un prince de Meseray qui avait défendu deux fois son château contre les Normands; ici c'était un glorieux croisé qui n'était revenu de la Terre-Sainte qu'après la chute des infidèles; plus loin c'était un vaillant chevalier que Louis XI avait fait pendre pour rébellion; à ses pieds était un duc célèbre dans les guerres de religion. Les épitaphes étaient à demi cachées par des couronnes de lauriers et d'immortelles. Au-dessus des tombeaux étaient suspendues d'anciennes bannières de la famille; la moins dévastée déployait encore son lambeau d'azur où se dessinait une croix d'argent, glorieuse bannière qui avait la couleur du ciel et l'arme de Dieu.

Parmi ces tombeaux Arnould s'avançait lentement et d'un pas mal assuré, retenant son souffle, dans la crainte d'éveiller les morts. Il n'osait s'approcher des deux lampes, pressentant qu'elles brûlaient sur la dépouille d'Emmeline; il les regardait souvent, mais ses yeux éblouis se détournaient bientôt, ayant à peine entrevu une grande draperie noire larmée d'argent.

Son cœur battait avec violence : ce n'était pas la peur, mais une crainte vague, mélancolique, mystérieuse; le voisinage de la mort, les souvenirs des sombres légendes, la profondeur des voûtes ténébreuses, le silence troublé par ces bruits souterrains que font le ver qui ronge, l'araignée qui file, l'escargot qui grimpe et qui tombe, enfin ces apparitions étranges et inexplicables de la grande salle, tout cela imposait à sa vive imagination ; et il voyait apparaître dans le fond des voûtes un fantôme éclatant, obscur, gigantesque, indéfini. Durant quelques minutes il demeura immobile, sans courage, sans dessein, sans pensée. Enfin, rappelant ses forces, il s'avança vers le cercueil d'Emmeline. Alors ses pieds devinrent lourds comme des pieds de plomb ; il les traîna péniblement en se demandant si la vie allait le laisser là.

Il arriva devant le cercueil la tête penchée, l'œil à demi clos, le cœur défaillant.

Tout à coup il recula avec terreur, et le luminaire lui échappa des mains.

Le cercueil d'Emmeline était ouvert et Emmeline n'y était pas.

IX

Arnould, un peu revenu de son étrange surprise et n'osant rester plus longtemps devant un cercueil désert, pensa à sortir des voûtes.

Ne pouvant retrouver son luminaire et ne voulant point attendre le matin dans la nuit, il prit une des petites lampes accrochées aux pilastres de chaque côté du cercueil d'Emmeline, et s'en alla plus vite et plus égaré qu'il n'était venu, effrayé des tremblements de son ombre et du bruit étouffé de ses pas.

Il ne respira à son aise qu'en rentrant dans l'oratoire. Il traversa rapidement la grande salle, sortit pour chercher du bois, et revint bientôt avec une énorme brassée de fagot qu'il jeta sur les charbons à demi éteints. Le feu se ranima comme par enchantement. La gaieté rayonnante des flammes chassa pour un instant ses lugubres idées; la vie, qui l'avait presque abandonné, revint en lui peu à peu. Le pétillement du bois lui rappela sa soirée passée avec Jacques Taillefer devant l'humble foyer de l'ancien cabaret, et pour un instant il retrouva dans sa mémoire des tableaux moins fantastiques. Mais bientôt le souvenir de la vision et du cercueil désert effaça encore tous ses autres souvenirs.

Longtemps il chercha à s'éclairer dans ce profond mystère; maintes fois il lui arriva d'appeler Emmeline et de lui tendre les bras : — Emmeline! Emmeline! où êtes-vous? disait-il d'une voix étouffée.

Il écoutait, l'œil errant, la bouche ouverte. Les échos du donjon, les oiseaux de proie, la bise de novembre répondaient tristement en chœur par des sons lugubres comme un chant de mort.

Le sommeil revint à pas lents; sa tête pencha sur le dossier du fauteuil, il s'endormit une seconde fois; et durant son sommeil des songes lui vinrent, plus étranges que les étranges événements de la nuit.

Il s'éveilla au bruit du rouet de la vieille servante, qui filait à côté de lui devant un feu mourant; il etait glacé. Il se leva lentement et secoua ses épaules comme s'il eût neigé sur lui,

Le jour était venu, un jour pâle et morne comme la veille; quelques rayons de soleil arrivaient sur la façade du donjon au travers des branches nues des plus grands arbres du bois.

Tout en s'agitant pour ranimer son corps et son âme il regardait du coin de l'œil la vieille, qui riait sous cape. Elle ressemblait singulièrement alors à une vieille sorcière : aux approches de la mort jamais figure ne fut plus ridée, jamais yeux ne se renfrognèrent pareillement, et, hormis son capuchon de taffetas jaune, tout son costume était noir. Un grand fuseau fiché dans son sein élevait à sa bouche une touffe de chanvre gracieusement ceinte d'un ruban bleu; un de ses pieds sautillait agréablement dans le rouet, l'autre se reposait sur un dévidoir; ses doigts secs préparaient le fil avec une constance digne de tout éloge.

— Eh bien! mon jeune ami, dit-elle en levant la tête vers Arnould, vous avez passé là une mauvaise nuit.

En disant ces mots elle regardait Arnould avec inquiétude.

— Oui, une mauvaise nuit, répondit le dormeur en se désillant les yeux.

— Vous avez pourtant dormi le mieux du monde.

Et, pour cacher sa curiosité, la vieille approcha du feu une petite cafetière de ferblanc.

Puis, regardant toujours Arnould de travers :

— Des rêves effrayants, n'est-ce pas? dit-elle d'un ton lamentable.

— Des rêves! murmura Arnould en passant la main sur son front.

Il se revoyait, la nuit, dans la grande salle

aux pieds d'Emmeline, puis dans les voûtes sépulcrales devant un cercueil ouvert.

— Des rêves! reprit-il en s'agitant; ce ne sont point des rêves.

La vieille pâlit, son pied cessa de sautiller, sa main tomba sur son genou, sa bouche s'ouvrit pour mieux entendre.

Arnould demeurait silencieux.

— Sainte Vierge Marie! dit-elle avec une surprise feinte, comme vous êtes pâle et agité! Que vous est-il donc survenu?

—Mademoiselle de Meseray n'est pas morte, dit Arnould à la vieille.

— Hélas! répondit-elle en sanglottant et en se cachant la tête dans un pan de son capuchon, hélas! monsieur Arnould, morte comme son père et sa mère.

— Morte! reprit Arnould; mais je l'ai vue cette nuit, je l'ai vue dans cette salle, devant cette cheminée.

— Les morts reviennent donc! s'écria la vieille d'un air effaré.

— Oui, j'ai vu mademoiselle de Meseray; elle m'a parlé; j'ai voulu la saisir dans mes bras, mais elle s'est évanouie comme une ombre.

— C'est un songe.

— Non, non, ce n'est point un songe. J'ai voulu poursuivre Emmeline jusqu'à son cercueil : une draperie était jetée à l'entour, et dans le cercueil ouvert point de morte! point de morte!

La vieille était étrangement agitée.

— Non, non, ce n'est point un songe! poursuivit Arnould tout palpitant. Je vois encore le grand christ d'ivoire veillant sur les tombes des Meseray, je vois encore les deux lampes...

Arnould regarda le cadre où il avait accroché la lampe d'argent.

Ne la trouvant point, et voyant tout à coup le luminaire qu'il avait laissé dans les voûtes, il tomba dans une surprise muette.

Il courut à l'oratoire : le prie-dieu était contre la boiserie, le grand luminaire d'un côté, les livres de dévotion de l'autre. Il pensa d'abord que tout avait été dérangé; mais, ne voyant nulle trace humaine sur la couche de poussière des livres, du luminaire et du prie-dieu, il finit par croire que tout ce qu'il avait vu n'était qu'un rêve.

Il revint auprès de la vieille.

— D'où venez-vous donc? lui demanda-t-elle avec un demi-sourire.

— J'ai perdu la tête, répondit-il en se promenant à grands pas.

— Je m'en doutais, dit la servante d'un air victorieux. Une apparition dans votre sommeil, et voilà que vous battez la campagne! Si c'était la nuit je vous pardonnerais; mais,

Dieu merci! le soleil luit depuis une heure. Notre vieux curé va venir : asseyez-vous en l'attendant; vous déjeûnerez ensemble. Il n'y a pas grand'chose dans le buffet : un débris de volaille, des poires, un peu de raisin, voilà tout; et sans ce charitable Jacques Taillefer nous n'en aurions pas autant, car il ne se passe pas de jour sans qu'il nous envoie quelque chose. Dieu veille sur lui! On dit que vous allez épouser sa fille : j'en suis bien aise; Marguerite est un petit ange qui a sauvé mademoiselle Emmeline de l'échafaud. Épousez-la, épousez-la ; cela fera du bien à la mémoire de notre pauvre défunte.

La vieille soupira.

— On dit aussi que Jacques Taillefer donne le château à sa fille : c'est une belle dot, monsieur Arnould, le château de Meseray!

— Vous ne m'en chasserez point! poursuivit-elle d'un ton suppliant. Vous, m'en chasser!

c'est impossible! l'assassin de mon maître a eu pitié de mes larmes. — Mais je radote, je bats la campagne comme vous. — A mon âge la tête tourne si vite! Quand j'étais jeune ma tête tournait déjà; mais c'était aux vents maudits de l'amour. — Ah! que je suis donc loin de ce temps-là!

Arnould demeurait abîmé dans ses sombres pensées.

Après un silence la vieille reprit:

— Avez-vous des nouvelles de Paris, monsieur Arnould? — Notre pauvre reine....

— Paris est plein de septembriseurs : elle sera assassinée, dit Arnould d'un air distrait. Comment peut-elle échapper à tous ces faucheurs de têtes!

— Où allons-nous? grand Dieu!

— Hélas! murmura Arnould, il n'y a plus qu'un chemin en France, le chemin de l'échafaud.

— Comme vous dites cela, grand Dieu! vous n'avez pas l'air d'y penser.

— En effet je ne pense guère à toutes ces choses lamentables; en ce moment je pense à mademoiselle de Meseray, qui m'a apparu cette nuit. — Quel songe!

— Vous battez toujours la campagne, monsieur Arnould. — Ainsi donc à Paris le sang coule de plus belle en plus belle? La guillotine devrait être lasse.

— Il faut que j'aille dans les voûtes.

— Nenni, nenni, mon cher monsieur; c'est le gîte des défunts, les vivants n'y vont pas. — Vous dites donc que la guerre est à deux pas d'ici?

— Je dis que j'ai vu mademoiselle de Meseray.

La vieille regarda fixement Arnould : — Je désespère de vous, sur ma foi! Si vous n'êtes pas somnambule, vous êtes fou.

X

En ce moment le prêtre parut au seuil de la salle.

Arnould alla à sa rencontre et le salua avec vénération. La vieille se leva en dérangeant son rouet et son dévidoir, s'inclina dévotement devant son vieil ami, et sortit pour préparer le déjeûner.

Le vieillard et Arnould devisèrent d'abord des horribles événements qui ravageaient la France. Peu à peu Arnould vint à parler de la solitude du château et de son effroi nocturne; il demanda au prêtre s'il croyait aux revenants, s'il avait eu des visions, si jamais un mort regretté ne lui était apparu. Le vieillard répondit vaguement : il avait des doutes, il n'osait rien affirmer; dans sa jeunesse cependant il avait vu le fantôme de sa mère, la veille d'un grand malheur :

— J'étais à la petite abbaye de Saint-Pierre, où m'avait recueilli le bon père Thibauld; orphelin depuis l'adolescence, il ne me restait plus de ma famille qu'une jeune sœur, que j'aimais par-dessus toutes les choses de la terre. A la mort de ma mère ma sœur s'était réfugiée dans la Thiérrache, chez une vieille amie de la famille. Tous les jours j'allais solitairement en la chapelle de l'abbaye prier pour elle le seigneur Dieu. Un soir j'étais agenouillé devant l'autel de la sainte Vierge Marie; la nuit venait; je priais avec plus de ferveur que jamais sans savoir pourquoi. En me relevant je vis tout à coup passer une ombre sous mes yeux : c'était ma mère; je la reconnus à ses vêtements et à sa figure pâle et triste. Je lui tendis les bras en criant et en retombant agenouillé sur les dalles; je ne sais si j'entendis l'écho de mes cris, mais je crus entendre la voix de ma mère. Le lendemain ma sœur mourut! Dieu lui fit la grâce de l'appeler en son sein, où déjà reposaient mon père et ma mère. — Mais, dit le prêtre en finissant, la jeunesse a tant de visions! la jeunesse est si ardente à toutes les croyances! Un souvenir passe, nos têtes s'égarent, nous croyons voir l'ombre d'une mère ou d'une amante : ce n'est qu'un souvenir. Et d'ailleurs, mon enfant, pourquoi les morts ne reviendraient-ils pas quelquefois parmi nous? le ciel n'est point un exil, et Dieu permet sans doute à ses élus de descendre sur la terre.

Le déjeûner était servi. Arnould se mit à table en face du prêtre, qui se recueillit et fit une prière entre deux signes de croix. La vue des mets ramena Arnould à des idées moins funèbres; il oublia ses visions, il finit même par s'égayer un peu.

Comme la vieille desservait la table, une charrette traînée par deux chevaux de labour parut sous le portail, et au même instant Jacques Taillefer entra dans la salle.

— Monsieur le curé, dit-il en tendant la main à Arnould, on amène une tombe au château. Ne vous effrayez pas : c'est pour mademoiselle de Méseray, dont la dépouille mortelle n'a qu'un cercueil. J'avais dans mon jardin quelques pierres d'une blancheur et d'une dureté de marbre devant me servir pour un escalier : on ne marchera pas sur ces pierres, car Étienne Durand en a fait une tombe, la tombe de mademoiselle de Meseray. Voilà bientôt son anniversaire : le jour du service funèbre vous y déposerez les restes de la malheureuse fille, et ces restes sacrés y demeureront en paix jusqu'à la fin des siècles. J'espère au moins que ni Dieu ni les hommes ne m'accuseront d'avoir poursuivi mes ennemis jusque dans la mort.

— Vos bonnes œuvres effaceront vos fautes, dit sentencieusement le prêtre; comme l'a prêché un révérend père de l'Église : « Les « bonnes œuvres sont des fontaines qui cou- « lent sur la conscience des pécheurs. »

Arnould, tout agité, sortit sans se demander pourquoi.

A la vue du tombeau, à demi caché dans un lit de paille qui l'avait préservé du choc de la charrette, il pensa encore aux apparitions de la nuit.

Étant monté sur une des roues pour voir la forme du monument, il lut sur la face cette épitaphe si simple :

L'AN IIII DE LA LIBERTÉ,

LE 22 NOVEMBRE,

EST MORTE

SAINTE, VIERGE ET MARTYRE,

EMMELINE DE MESERAY,

LA DERNIÈRE DE SA FAMILLE.

Requiescat in pace

On descendit les pierres du tombeau à l'entrée des voûtes ; on passa par l'escalier de la chapelle ; Arnould, qui était parvenu à suivre les paysans comme par distraction, voulut vainement aller jusqu'au cercueil d'Emmeline : il fut arrêté en son chemin par une porte massive. Il essaya de voir l'enceinte des morts au travers des interstices de cette porte ; mais les lampes étaient éteintes, et ses yeux se perdirent dans l'ombre.

Il sortit avec dépit, ne doutant plus qu'il eût été le jouet d'un songe.

XI

Arnould retourna à Origny avec Jacques Taillefer. Dans la sombre avenue du château le cabaretier lui dit qu'il avait de déplorables nouvelles de Paris.

— Ils ont assassiné la Reine? dit Arnould par pressentiment.

— Ils ont condamné les girondins, dit

Taillefer abattu. Les aveugles! condamner leurs frères! Caïn tuera donc toujours Abel! Ils n'ont épargné ni les femmes ni les vieillards; après les girondins madame Roland et Bailly sont allés à l'échafaud. Que Dieu me garde une mort aussi belle!

— Et la Reine? dit Arnould.

— Camille Desmoulins est désespéré; il aimait les girondins, et un de ses pamphlets les a peut-être perdus. — Cet homme-là a trop d'esprit pour vivre dans une révolution française.

— Mais la Reine, la Reine? dit encore Arnould.

— Si Camille Desmoulins n'avait un cœur d'or il serait plus terrible que Robespierre; l'esprit est une arme sanglante en ce temps-ci; tu verras qu'il en sera frappé. — La Reine, dis-tu? Elle a suivi le Roi par le même chemin. Les montagnards, dont j'admirais l'audace, commencent à me faire peur; ces démons-là renversent tout; après la chute du Roi ils veulent la chute de Dieu; ce sont des géants, ou plutôt des fous; et Dieu doit bien rire de la guerre qu'ils lui font. Sur tous les autels on a élevé la déesse de la Raison; les vierges et les saints sont chassés de leurs niches pour le buste de Marat. C'était bien la peine! Encore si ce dieu-là n'était pas si laid! Par-ci par-là ils ont vraiment de belles idées : ils veulent que les cimetières soient couverts de fleurs, afin qu'on aille y respirer l'âme des défunts.

— La France sera donc couverte de fleurs? dit Arnould avec amertume.

— On profane indignement cette pauvre religion catholique. Des vagabonds revêtent des surplis, des chasubles, des chapes, et se promènent partout en chantant *La Lanterne* ou *La Carmagnole*; s'ils s'arrêtent, c'est pour encenser la grotesque image de Marat ; des femmes vêtues de blanc, couronnées de fleurs et d'épis, représentant la Liberté, l'Égalité, la Raison, la Vérité, la Fraternité, marchent gravement sous un dais magnifique où la veille on promenait l'image de Dieu. La république est arrivée à son carnaval.

— Elle en mourra, dit Arnould.

— Elle vivra, reprit Jacques Taillefer en s'animant ; elle vivra, et la religion aussi. — Les insensés! Combattre la religion c'est jeter des pierres au ciel. — Oh! les mauvais enfants de la république! ceux-là déchireront leur mère. Combattre la religion! Mais ils passeront un siècle pour la renverser, et au bout d'un siècle la religion se relèvera toute seule plus belle et plus grande. — Parmi ces insensés il en est même qui nient l'existence de Dieu. Les misérables! seraient-ils sur la terre s'il n'y avait un Dieu au ciel?

Jacques Taillefer parla avec ardeur jusque devant sa porte. Il était ce jour-là plus animé et plus éloquent que jamais, et Arnould écoutait avec de la surprise et du plaisir sa parole pittoresque; il aimait à saisir les sentiments de ce cœur plébéien qui s'ouvrait à tous. Plus jeune, il avait trouvé Taillefer commun et prosaïque; peu à peu il était revenu de cette erreur, et il finissait par croire au génie républicain du cabaretier.

Du reste, la Révolution avait grandi Jacques Taillefer; et ainsi fit-elle de tous ceux qui avaient de nobles instincts. Une averse féconde les champs altérés, l'orage de 89 avait fécondé toutes les âmes ardentes.

Madame de Longpré vint au devant d'Arnould sous le tilleul, où Jacques Taillefer l'arrêtait à ses discours.

La pauvre mère, qui avait passé la nuit dans

de grandes inquiétudes, se mit d'abord à sermonner son fils.

— Embrassez-le, dit Taillefer; vous le gronderez ensuite.

Marguerite arrivait alors au devant de son père, et peut-être au devant d'Arnould.

— Mariez-les, mariez-les sans plus tarder, dit avec un demi-sourire madame de Longpré. J'ai toujours peur qu'Arnould ne me soit enlevé par les vampires; une fois l'époux de Marguerite, il sera sauvé.

Madame de Longpré, tout à Dieu et à ses enfants, voyait le néant des vanités de ce monde. L'idée de marier son noble fils à la fille du plébéien Taillefer l'avait d'abord offensée; mais bientôt, sacrifiant au repos de sa famille les débris de son orgueil, elle s'était abritée dans cette alliance, qui devait à jamais la protéger contre l'aveugle colère du peuple. D'ailleurs Arnould n'avait pour toute dot que son grand nom : alors un grand nom était une grande infortune; et Marguerite avait en dot le château de Meseray. Cet accessoire n'était pas sans attraits pour madame de Longpré, malgré son dégoût pour les grandeurs mondaines.

— A quand les épousailles, chère enfant? reprit-elle en baisant maternellement Marguerite sur le front.

La pauvre enfant regarda Arnould avec angoisses.

— Le vingt-quatre novembre, dit-il d'une voix émue; c'est l'anniversaire de la naissance de Marguerite.

Marguerite devint pâle comme la mort.

XII

A quelques jours de là Jacques Taillefer s'en fut avec les pauvres d'Origny dans le bois de Meseray.

L'hiver était venu en manteau de neige; la campagne était couverte d'un vaste linceul à peine déchiré çà et là par les roches, les grands arbres, la petite rivière de Parmailles;

la vieille mère nature n'avait plus rien dans ses mamelles; le temps du travail venait de passer pour les campagnes, c'était l'heure de l'ennui, du froid et de la misère pour les pauvres.

— Allez, mes enfants, leur dit le cabaretier. Ces bois vous sont ouverts pour toute la semaine; je vous abandonne les bûches et les fagots que vous couperez durant huit jours; les plus laborieux seront les plus récompensés. Vous pourrez au moins braver l'hiver au coin du feu.

Et à peine Jacques Taillefer eut-il parlé que les malheureux se dispersèrent en le bénissant.

Cependant un petit homme frêle et malingre comme un roseau suivait ses compagnons d'un regard jaloux, et demeurait devant le cabaretier en faisant mine de ne pouvoir soulever sa hache.

—Eh bien! pourquoi tardes-tu? lui demanda Taillefer.

— Hélas! dit le petit homme, que veux-tu que je fasse en une semaine, moi qui suis si faible?

— Le courage vaut mieux que la force, dit le cabaretier; travaille, travaille sans te plaindre et sans envier la force des autres; travaille joyeusement, et ta moisson sera la meilleure.

— Tu as beau prêcher l'égalité, dit le rachitique, l'égalité sera toujours un rêve. Comment veux-tu que la même loi soit bonne en même temps pour un athlète et pour un pauvre diable comme moi?

— Il n'y a point de pauvres diables, ou plutôt nous sommes tous de pauvres diables, reprit Taillefer; mais nous sommes tous égaux devant Dieu, devant la fortune et l'infortune. Tu es faible et ton voisin est fort, mais en revanche tu as plus d'intelligence que lui; pendant qu'il a cherché le moyen d'abattre un arbre tu as donné vingt coups de hache, et, quand il a trouvé son moyen, ton arbre est par terre.

— Et si je ne puis donner un seul coup de hache?

— Eh! maraud, ne va point au bois. Tu es sabotier : fais des sabots.

— Et si je n'ai pas la force de faire des sabots?

— Alors tu n'es plus un homme, tu es malade ou affligé; il y a des hospices pour ceux-là.

Le petit homme s'éloigna en murmurant toujours.

Jacques Taillefer prit un sentier qui allait au château, et se dit en hochant la tête :

— Ce petit homme raisonnait peut-être mieux que moi; l'égalité ne sera jamais qu'un mensonge consolant. Décidément la terre est un passage, ou plutôt un purgatoire d'où nous partons meilleurs pour d'autres pays.

— Sur ma foi, reprit Taillefer, le vieux Chamides ou le vieux Zénophon avait bien raison de dire qu'il fallait être pauvre pour vivre sans soucis dans une république. Depuis que je possède quelques bribes de fortune je suis l'esclave de tout le monde; je ressemble à ces pères riches qui ont beaucoup d'enfants : j'ai beau me priver pour ma grande famille, nul n'est content de moi.

Jacques Taillefer arrivait à l'avenue du château. A l'aspect de cette vénérable solitude ensevelie sous la neige, à l'aspect de ce donjon féodal si fier encore, mais si désolé, le cabaretier laissa tomber ses bras et s'attendrit jusqu'aux larmes, comme à la vue d'un ennemi blessé à mort. Il lui sembla que les grandes fenêtres à demi brisées de la façade lui jetaient de tristes regards, et que le portail en ruine lui disait dans son langage mystique : —

Que t'avais-je donc fait pour me réduire ainsi?

Jacques Taillefer avançait en chancelant.

— Jamais, se disait-il, jamais je n'habiterai ce château; et quand le vieux prêtre sera mort nul autre ne profanera ces ruines austères. Comme a dit le prophète, « Ce sera le repaire « des dragons et le parvis des chouettes; là le « hibou criera à sa compagne, là l'orfraie trou- « vera son repos, là l'hirondelle fera son nid. » Je veux que nulle main ne touche ces débris de la féodalité, qui serviront de leçons aux siècles à venir.

Jacques Taillefer s'arrêta devant le portail et regarda les mutilations faites, le lendemain du carnage, aux armoiries des Meseray.

— En écriture naturelle, reprit-il, cela veut dire : *Le peuple a passé ici.* Le peuple reconnaîtra toujours cette écriture-là.

Le cabaretier entra dans le donjon. Il

trouva la vieille en sentinelle à la porte de l'oratoire.

— De grâce, monsieur Taillefer, venez là-bas, dans l'autre salle, où il y a un bon feu. Monsieur le curé est dans l'oratoire qui prie Dieu pour le repos de l'âme de mademoiselle Emmeline ; laissons-le prier en paix.

Et la vieille entraîna le cabaretier.

— Je verrai monsieur le curé une autre fois, dit Taillefer avec distraction. — J'étais venu en me promenant pour visiter le château afin de savoir s'il était habitable ; j'aime mieux mon cabaret. Tu diras à monsieur le curé que je lui laisserai tout le temps qu'il voudra pour mourir seul au château.

— Dieu soit loué ! dit la vieille en voyant s'éloigner le cabaretier.

Et elle retourna à la porte de l'oratoire.

LIVRE X.

Le Scapulaire.

I

Le prochain mariage d'Arnould et de Marguerite n'était point un mystère dans le pays; les amis et les ennemis de Taillefer et de madame de Longpré en parlaient diversement : suivant les uns, c'était une alliance indigne d'Arnould; suivant les autres, c'était une alliance indigne de Marguerite. Mais madame de Longpré, qui voulait sauver son fils des colères du peuple, et Jacques Taillefer, qui voulait sauver la vertu de sa fille des satires de la noblesse, n'avaient nul souci de tous ces commérages.

La veille du jour destiné au mariage Jacques Taillefer, cédant aux instances des plus fanatiques jacobins d'Origny, ordonna que le lendemain tout le pays célébrerait la fête de la Raison. Les femmes et les filles passèrent la nuit à tresser des couronnes de lierre et d'épis, des couronnes de pampre et de feuilles de chêne. Il n'y avait plus de fleurs; mais durant la nuit le ciel, qui s'amusait de cette fête comme de toutes les fêtes du monde, fit refleurir les arbres et les chemins d'une neige éblouissante.

Dès le jour naissant les cloches sonnèrent à grandes volées; ce fut leur dernier concert. Que ne brisèrent-elles alors? Tous les jacobins s'assemblèrent dans l'église, se revêtirent d'aubes blanches, emblème de la pureté républicaine de leurs cœurs; les uns s'emparèrent des encensoirs, les autres des crucifix et des bannières; Jacques Taillefer s'affubla d'une chape à franges d'or, et, en dépit de toutes ses résistances, il lui fallut marcher en tête de la procession, un drapeau tricolore à la main, sous le dais bleu qui tant de fois avait couvert les prêtres d'Origny et les images de Dieu.

Jacques Taillefer souffrait du rôle insensé qu'il jouait alors dans la grande mascarade républicaine qui égayait toute la France; mais, comme de coutume, c'était par dévouement : en refusant ce rôle il se perdrait dans l'esprit des jacobins, le peuple d'Origny s'en irriterait; et adieu sa puissance qui protégeait tant de monde. Il pressentait tout cela et il se résignait.

La procession sortit de l'église en chantant l'*Hymne à la Raison*, *la ronde des sans-culotte*, *La Montagnarde*, *La Carmagnole des moines*, *l'Hymne au genre humain*, et beaucoup d'autres cantiques plus ou moins spirituels. Jacques Taillefer agitait son drapeau, et devant cette bannière de la nouvelle religion tous les passants s'agenouillaient humblement.

Sous l'arbre de la liberté, sous le tilleul centenaire de l'ancien cabaret de Taillefer on avait élevé un autel à la Raison; c'était vers cet autel que marchait la procession, sur un chemin semé de neige et de feuilles jaunies.

La déesse de la Raison devait être représentée par la fille de l'ancien maître d'école d'Origny. On avait songé à Marguerite, mais Marguerite s'en était défendue par dignité. La fille du maître d'école eût admirablement parodié la déesse de la Raison : c'était une jeune folle souriant à tout propos et à tout venant, plus soucieuse de garder sa beauté que sa vertu ; mais en s'éveillant le jour de la fête, comme sa mère lui criait de se lever et de repasser sa robe au plus vite, elle réfléchit, non pas en déesse, mais en fille de raison. Elle avait péché, son corsage arrondi pouvait l'accuser pendant son ascension sur l'autel : elle imagina une maladie soudaine et dit à sa mère qu'il fallait chercher une autre déesse.

La maîtresse d'école, au lieu d'avertir les jacobins de cette maladie imaginée, sermonna sa fille durant deux heures ; et quand la procession arriva devant l'autel les assistants furent indignés de ne point y voir la déesse.

Ce fut alors que sur un cheval magnifiquement harnaché reparut le sombre septembriseur.

Marguerite, qui regardait la fête au travers des vitres obscurcies de la salle, fut saisie d'effroi en voyant le septembriseur ; Jacques

Taillefer pensa avec douleur que le retour de cet homme était d'un mauvais augure pour le mariage de sa fille; mais le peuple accueillit le septembriseur par mille cris de joie :

— Salut et fraternité ! Vive l'ami de Marat ! Vive le plus sans-culotte des sans-culotte! A bas les chenapans, les muscadins et les Sardanapales! Voilà le bon temps revenu! Tout n'est point dit encore, nous ne sommes pas au bout! Liberté, égalité, ou la mort!

Et chacun voulait voir et toucher le septembriseur, et chacun aspirait à la gloire de lui parler. Les plus violents l'enlevèrent de son cheval et l'emportèrent en triomphe jusque sur les marches de l'autel, où Jacques Taillefer lui donna tristement l'accolade plébéienne.

Le septembriseur n'était plus ce sale bandit couvert de guenilles rouges, armé de sanglantes colères et de rugissements; il était devenu calme, il avait un costume plein de dignité;

l'amour et Saint-Just l'avaient métamorphosé.
Au temps où la mort de Marat était une calamité dans toute la France le septembriseur, désespéré d'avoir perdu cette sanglante étoile, ne savait plus où aller quand il rencontra Saint-Just en mission à Cambrai. Saint-Just devint son dieu; il imita cette attitude austère et calme que l'échafaud même ne put altérer, il revêtit ce sévère costume qui allait si superbement aux grandes figures républicaines; et, ainsi métamorphosé, il promena sa démence et son amour dans tous les districts du nord. Alors, las de révoltes, il s'en retournait à Paris, poursuivi par le souvenir d'Emmeline. En repassant à quelques lieues d'Origny il avait pris un détour, il avait abandonné les guides à son cheval, — le cheval de M. de Meseray, — et il arrivait en ce pays si triste et si doux où il avait donné la mort par sa colère et par son amour.

Ayant vu que le peuple attendait vainement a déesse de la Raison, c'est-à-dire la fille de l'ancien maître d'école, il demanda à Taillefer où était sa fille.

Taillefer leva les yeux vers la fenêtre de la salle.

— Pourquoi n'est-elle pas sur cet autel? C'est la plus digne de représenter l'auguste déesse; cette gloire lui revient comme à la fille du premier apôtre de la liberté en ce pays.

Et en disant ces mots il franchit le seuil de l'ancien cabaret à la tête de quelques fanatiques.

Bientôt on le vit reparaître avec Marguerite, qui, après avoir vainement résisté à cette violence, fit tout ce que voulut le peuple. Elle était négligemment vêtue de mousseline blanche; on l'entoura d'une écharpe bleue, on lui mit une ceinture rouge, on la couronna de lierre et on l'éleva sur l'autel ; de là il lui fallut semer des épis et des fruits parmi la foule, lire des maximes républicaines, agiter le drapeau de la liberté, et recevoir l'encens destiné à Dieu. Dieu ne s'en offensa point.

Après toutes ces choses on fit devant l'autel un feu de joie des surplis et des bannières ; et, comme un écho du matin, les cloches sonnèrent un glas sur la défunte religion catholique, qui devait ressusciter trois jours après. Ce fut leur dernier soupir ; au même instant les plus exaltés montèrent au clocher et les brisèrent. — Les aveugles et les sourds ! dit tristement Taillefer; ils n'avaient qu'une musique, et ils n'en veulent plus ! S'ils le pouvaient ils décrocheraient le soleil.

Quand les cloches furent brisées les ravageurs descendirent dans l'église et mirent le feu au confessionnal, qui était au fond d'une chapelle nue et humide. Une épaisse fumée en sortit et se répandit par toute l'église, qui eut bientôt l'air d'une taverne allemande. Le prêtre national ne fut pas le dernier à encourager ces profanations; il apporta lui-même l'ancien missel, la table des commandements de Dieu, les livres du lutrin, et, jetant au feu toutes ces choses : — Ainsi, dit-il sentencieusement, le feu nous délivrera des hochets de la superstition.

Marguerite, retournée dans sa chambre, était plus morne que triste. Elle avait rejeté avec dégoût la couronne, le voile et l'écharpe dont elle venait d'être affublée; elle pensait à Arnould, qui, suivant le conseil paternel de Jacques Taillefer, s'était éloigné d'Origny pendant cette orageuse journée.

— S'il était courageux, dit-elle, il serait déjà revenu.

Et, après un silence :

— Hélas! ce n'est pas le courage qui lui manque, c'est l'amour.

Une lourde tristesse tomba sur son cœur.

— Demain! murmura-t-elle en versant d'abondantes larmes.

II

Taillefer, qui depuis longtemps hébergeait tous les missionnaires républicains passant à Origny, avait prié le septembriseur de s'arrêter un peu en son logis; et tous deux, après avoir réprimé les désordres du peuple, s'étaient réunis dans une petite salle en face d'une bouteille de vin de Champagne. La conversation languit d'abord. Pour se distraire le septembriseur faisait rouler sur la table cette médaille décernée aux gardes-françaises où était inscrit ce beau vers de Lucain :

Ignorantne datos, ne quisquam serviat, enses ?

Cette médaille, que Taillefer avait vue maintes fois à Paris, lui fit penser à son voyage, et il raconta comment il avait retrouvé sa fille, qui se sacrifiait à mademoiselle de Meseray; enfin, rouvrant son cœur, qu'il tenait fermé à grand'-peine, il apprit au septembriseur le mariage d'Arnould et de Marguerite. Le septembriseur lui demanda avec émotion pourquoi mademoiselle de Meseray était morte soudainement; et, après la réponse incertaine de Taillefer, à son tour il se mit à raconter ses aventures politiques pendant sa longue mission.

— En quittant Origny j'ai erré pendant quelque temps, tourmenté par un fatal amour qui amollissait mon cœur républicain ; enfin j'ai pris le dessus, et j'ai poursuivi mon généreux pèlerinage dans les pays rebelles. A diverses reprises j'ai failli devenir victime de mon zèle ; la nation elle-même, oubliant mes services, a envoyé des gendarmes pour m'arrêter ; ce fut au temps où on osa attaquer Marat ! Attaquer Marat ! m'arrêter, moi le septembriseur ! Marat est sorti en triomphe de la lutte, moi j'ai chassé les gendarmes. A quelque temps de là on m'a adjoint à Saint-Just, un enfant que la république a fait homme; avec lui j'ai traversé tous les districts du nord, j'ai jeté la terreur dans les armées vendues à Pitt, dans les pays fidèles au fantôme du Roi. De ce pas je vais à Paris recueillir le fruit de mes dangers et de mes peines. — Hélas ! Marat est mort !

— Et le ciel en soit loué ! dit Jacques Taillefer.

Le septembriseur leva la tête et jeta un regard de colère au cabaretier.

— C'est une lâcheté de se réjouir d'un pareil assassinat !

— Un assassinat qui a permis à la France de respirer.

— Marat a été tout simplement le plus hardi des tribuns ; il a franchi le premier, et d'un seul bond, la barrière qui sépare un trône d'une république ; il a osé dire au soleil ce que les autres ont fait à l'ombre.

— Quels autres ! dit Taillefer avec dégoût. Ah ! ne défendez pas la mémoire de ce faucheur de têtes.

— Marat était un grand chirurgien : il coupait un membre pour sauver le corps.

— Oui, reprit Taillefer en souriant avec amertume, au lieu de couper le mauvais bras qui perdra la France, il coupait la tête.

La querelle dura longtemps entre le septembriseur et Jacques Taillefer; la nuit les surprit dans l'arrière-salle, en face d'une bouteille vide. Le septembriseur, qui avait au cœur une chose plus douce que la république, finissait par ne plus contredire l'ancien cabaretier; il l'écoutait sans l'entendre; il pensait à Emmeline, il respirait le parfum amer de ce souvenir, qui refleurissait toujours en lui pour le consoler de ses crimes.

— Avant de partir, dit-il tout à coup en soupirant, il faut que j'aille au château de Meseray.

III

Dès le matin Arnould était retourné au château de Meseray, pensant qu'il ne lui restait que peu de jours à poursuivre dans le silence de cette grande solitude l'ombre adorée d'Emmeline.

En route, tout en songeant à ses visions, il se ressouvint de la scène d'amour passée à la fenêtre de la grande salle pendant l'horrible nuit du combat; il revit Emmeline, toute pâle et tout émue, penchant la tête sous son regard comme une fleur sous le soleil; il entendit encore au fond de son cœur ces solennelles paroles de Mlle de Meseray quand elle eut mis sur son sein la petite croix d'argent : « Je la garderai jusque dans le cercueil; mais, si Dieu me fait la grâce de mourir avant vous, et si vous m'oubliez quand je ne serai plus de ce monde, venez, venez sans retard arracher ce scapulaire de mon cœur éteint; car il troublerait mes ossements dès les premiers jours de l'oubli, et ce serait un supplice pour l'éternité. »

Il descendait avec ardeur vers ce beau souvenir que le malheur avait voilé quand un éclair traversa son âme : il pensa au même instant au serment fait à Emmeline et à son mariage avec Marguerite. Il avait lu des romans, il savait des légendes du pays et du château de Meseray où des amantes délaissées reviennent après leur mort tourmenter les vivants infidèles ; — il ne douta plus que mademoiselle de Meseray, se croyant oubliée, lui apparût pour se plaindre, soit en songe, soit pendant qu'il veillait, par une de ces lois du ciel qui seront toujours des mystères en ce monde. — Aujourd'hui même, dit-il tout ému, j'irai devant son cercueil, j'irai prier Dieu, j'irai prier sa mère d'apaiser son âme et ses os.

Dans l'avenue du château il rencontra la vieille gouvernante, à demi courbée sur le sol blanchi pour ramasser du menu bois. À son approche elle leva son nez pointu, ses yeux clignotants, et murmura en nasillant que monsieur le curé serait charmé de revoir son jeune ami.

Arnould passa la matinée à deviser avec le vieux curé. Il parvint non sans peine à le ramener au chapitre des visions ; et çà et là il lui arracha quelques paroles singulières qui semblaient l'avertir qu'un mystère étrange était enseveli au château : tantôt le vieillard, affaibli par les années, perdait la tête et oubliait de s'arrêter à propos; tantôt il gardait le silence avec obstination, comme un homme qui craint d'en trop dire. Vers midi, à un moment où le soleil soulevait les voiles flottants du ciel, pour échapper à Arnould qui l'obsédait sans relâche il sortit tout à coup, et s'en alla prier Dieu sous les arbres dépouillés du parc. Après avoir vainement attendu son retour Arnould en revint à son dessein de descendre aux voûtes sépulcrales, où il espérait éclaircir le mystère qui tourmentait sa tête et son cœur. Mais divers obstacles s'opposaient à son dessein : il n'avait point les clefs des voûtes; et d'ailleurs avec ces clefs il lui fallait de la lumière, et, par une fâcheuse mésaventure, il chercha vainement une lampe ou un chandelier.

La vieille survint durant ses recherches.

— Les clefs des voûtes et un flambeau! lui demanda-t-il d'un ton impérieux.

La servante, effarée, recula de trois pas.

— Vous me cachez indignement ce qui se passe ici! reprit-il en la dévisageant.

La vieille prit un air d'ignorance et murmura : — Sainte Vierge ! qu'y a-t-il donc?

— Il y a un mystère, un mystère que je veux découvrir sans plus attendre! — Les clefs! les clefs!

Arnould frappait du pied avec impatience.

La vieille jura sur sa part de paradis qu'elle n'avait jamais vu les clefs, et que depuis la mort de mademoiselle de Meseray nul n'avait ouvert la porte massive des voûtes.

Arnould lui tourna le dos avec dépit, et, croyant alors se ressouvenir que dans l'oratoire il y avait une porte secrète fermée sur un escalier descendant aux tombeaux de la noble famille, il s'empressa d'aller de ce côté. Il renversa la pyramide de vieux livres, il détourna le prie-dieu, et parvint à découvrir la porte cachée par où il croyait avoir déjà passé.

Avant de descendre il ferma l'oratoire, afin de n'être pas suivi dans son pèlerinage.

A peine au bas de l'escalier, son regard fut saisi par la morne lumière des deux lampes éclairant le sommeil des morts.

— Je n'en doute plus, dit-il en s'arrêtant avec une violente oppression, je suis venu dans cette sépulture : voilà bien les arceaux humides, les pilastres écaillés, les tombes superbes panachées par les bannières et défendues par les armures des illustres défunts ! voilà bien les deux lampes que j'ai vu briller au-dessus d'un cercueil vide ! — à moins pourtant, reprit-il, que, par la puissance des songes, mon esprit ait descendu durant mon sommeil dans ces voûtes funèbres.

En disant ces derniers mots il franchit d'un pied chancelant l'enceinte des tombeaux et s'avança vers les deux lampes. Il écoutait les battements de son cœur et croyait entendre mille bruits lugubres : le mouvement de l'horloge du temps, les pas avides de la mort, l'agitation des défunts ne pouvant reposer encore à cause de leurs péchés et voulant sortir un peu de leurs lits étroits.

L'humidité des voûtes voilait les deux lampes, dont les reflets ternes tremblaient sous les arceaux comme des ombres blanches. En arrivant devant le cercueil d'Emmeline, où son cœur l'avait conduit, ses yeux égarés s'arrêtèrent dans les plis du grand linceul qu'il avait vu négligemment étendu à ses pieds en cette nuit étrange où il était venu devant un cercueil vide.

Cette fois le tombeau d'Emmeline n'est plus désert, et du premier regard il entrevoit la blonde chevelure de son amante s'échappant par touffes abondantes de la lugubre draperie.

Il tombe agenouillé, palpitant de trouble et d'amour; il penche la tête, il avance la main, il agite les lèvres; mais, glacé par le frisson, il demeure immobile et silencieux comme ces statues de la douleur s'inclinant sur les tombeaux.

Il se ranime et n'ose encore toucher le linceul, comme s'il craignait de violer l'asile sacré d'un mort; il regarde autour de lui pour s'assurer qu'il est seul et que nul ne verra sa profanation.

Par une hallucination soudaine il lui semble que tous les défunts sortent de leurs tombes en murmurant ce vers de la ballade :

Vivants! ne troublez pas le silence des morts!

Il se retourne vers Emmeline ; son regard effaré se repose encore sur la forme humaine que dessine le linceul ; enfin, par un mouvement saccadé, il saisit et détourne un pli de la lugubre draperie, et la figure de son amante lui apparaît à demi cachée par sa chevelure.

Tout égaré, il contemple cette figure, belle même dans la pâleur funèbre ; il se demande si c'est la mort ou le sommeil ; il s'incline : est-ce pour l'embrasser ou pour saisir son souffle? Il est défaillant, son cœur cesse de battre, la vie l'abandonne, il va tomber inanimé auprès d'Emmeline.

Mais tout à coup Emmeline s'agite mollement comme une femme qui s'éveille ; elle repousse le linceul qui la couvre, elle se soulève lentement, elle entr'ouvre ses paupières, et, tendant ses bras vers Arnould, elle s'écrie toute rayonnante : — Je vous attendais!

Arnould ne vit plus alors ni le cercueil ni la morte, il ne vit plus que son amante; et, dans un baiser dont les ossements voisins tressaillirent, il oublia toutes ses douleurs.

IV

— Emmeline! c'est bien vous que je vois!
c'est bien vous que je touche! — Vous, vivante dans la tombe! vous, si belle dans cette
noire demeure! — Oh! parlez-moi! mais parlez-
moi donc! — dites-moi que ce n'est point un
songe! — Emmeline! Emmeline! répondez-
moi, de grâce! que j'entende encore cette

voix adorée qui m'eût réveillé dans le cimetière!

Emmeline prit lentement dans ses doigts la petite croix d'argent qui demeurait toujours suspendue à son col, et la leva à sa bouche en murmurant d'une voix faible : — Je vous aime, Arnould.

Elle était à demi sortie du linceul, et d'un regard ravi Arnould voyait se dessiner les formes délicates de son corps. Elle avait pour tout vêtement une robe de mousseline blanche à peine agrafée à la ceinture; ses blonds cheveux, enfreignant leurs chaînes d'écailles, descendaient en longs flots sur ses épaules.

Arnould l'admirait en silence, suivant de l'œil avec anxiété ses plus légers mouvements, levant les bras, autant pour la protéger que pour remercier le ciel.

Et tout à coup, comme s'il eût craint que

la mort ne vînt pour lui ravir son amante, il saisit Emmeline avec avidité, l'enlaça de ses bras tremblants et l'emporta dans l'oratoire.

— Ah! je vous revois au soleil! dit-il en la déposant sur un fauteuil. — Mais apprenez-moi donc quel sombre mystère s'est étendu sur vous.

— Arnould! Arnould! dit Emmeline tout effarée, ne me quittez pas, j'ai peur!

— Emmeline, répondez-moi : vous n'êtes pas morte, et vous avez une tombe!

— Arnould, parlons d'amour, parlons de ce beau temps passé où je vous aimais sans le savoir; parlons de ces soirs enchantés où je vous voyais errer dans l'avenue du château. Je me cachais dans les rideaux d'une fenêtre et je vous suivais longtemps du regard. Souvent, sans me voir, vous tendiez les bras avec ardeur. Oh! si j'avais eu des ailes alors, comme j'aurais joyeusement franchi l'espace qui nous séparait! — Parlons de cette heure si vite envolée, de cette heure d'extase passée en serments à la face du ciel. Te souviens-tu de la fenêtre et du rideau?...

— Oui, et nos lèvres se touchèrent comme par miracle, dit Arnould en baisant les cheveux d'Emmeline.

— Parlons de toutes ces choses, mais ne parlons pas de la mort, reprit Emmeline. — Hélas! l'heure suivante on vous apporta tout sanglant sous mes yeux effrayés...

— Au milieu de mes souffrances je ne sentais que la joie de vous voir.

Emmeline sembla chercher ses souvenirs.

— Pourquoi n'êtes-vous pas là avec Marguerite? La pauvre fille a voulu me sauver... Me sauver! quand le hideux septembriseur m'environnait de sa colère et de son amour!

— Le septembriseur! Vous l'avez revu!

— J'étais là, dans ce coin; je dormais en songeant à vous. Je me suis éveillée... Arnould, racontez-moi plutôt vos souffrances dans les prisons de Paris. A l'Abbaye je vous ai vu souvent dans la cour sur un bloc de pierre; mon âme allait autour de vous. Quelle pâleur! quelle tristesse! Vous pleuriez quelquefois; je recueillais vos larmes et je les emportais au ciel. — Arnould, ouvrez la fenêtre; la lumière s'en va, il me semble que la nuit vient : j'ai peur de la nuit.

— Rassurez-vous, mon cher ange, la nuit est encore loin de nous; les grandes nues cachent le soleil.

— N'est-ce pas, Arnould, qu'il y a dans la cour de l'Abbaye un bloc de pierre servant de banc aux prisonniers?

— Oui, dit Arnould, plus étonné que jamais.

Emmeline se leva du fauteuil et s'avança

vers la fenêtre. Sa démarche était d'une lenteur solennelle ; pourtant elle avait tant de légèreté qu'à chaque pas elle semblait prendre son vol.

Arnould la suivit, et, lui saisissant la main :

— Emmeline! je vous en supplie, dévoilez-moi donc ce mystère!

— Vous êtes comme les enfants, dit-elle avec un doux sourire : vous voulez briser le miroir où vous me voyez. Prenez garde : le miroir brisé, vous ne me verrez plus.

Emmeline frissonna.

— Ne soyez pas si fou, ne perdez pas en vaines curiosités un temps si précieux que Dieu m'accorde après tant de prières; hâtons-nous de nous aimer. Le temps passe, il passe, tout à l'heure il sera passé.

Emmeline pencha mollement sa tête sur l'épaule de son amant.

Elle avait un charme funèbre et adorable

avec ses yeux llanguis, son abandon, ses cheveux épars; une de ses mains retombait négligemment, l'autre se perdait dans celle d'Arnould.

— Ah! dit-elle en soupirant, il y a bien longtemps que je n'ai si doucement reposé ma pauvre tête!

Elle tressaillit et ferma les yeux.

Arnould avait le délire; tantôt son cœur cessait de battre, tantôt son cœur battait avec violence. Il chassait de son souvenir la dernière année de sa vie comme on chasse un rêve importun; il effaçait du tableau de sa jeunesse la figure du septembriseur, les tristes scènes du château, l'odieux Marat, les murs sanglants de sa prison; il se croyait revenu à ses jours d'autrefois où il aimait Emmeline avec tant d'espérance; il se revoyait dans sa folle jeunesse, errant aux abords du donjon, se cachant sous les haies pour voir passer Emmeline; mais bientôt ces images enchantées se couvraient d'un crêpe sanglant : il entendait encore les hurlements des ennemis du comte de Meseray, il voyait le meurtre et l'incendie; et tout d'un coup il se détachait d'Emmeline en murmurant : — Elle est morte! Pourtant, en la voyant si belle, il l'enlaçait plus étroitement, et, les yeux égarés, il semblait attendre avec anxiété le dénouement du mystère.

Une vieille horloge du château sonna quatre heures : Emmeline tressaillit, s'échappa des bras d'Arnould et se jeta devant le prie-dieu.

Elle avait pâli, sa bouche était morne dans son sourire, ses yeux amoureux s'éteignaient.

Arnould voulut lui reprendre la main, il fut épouvanté de la sentir froide.

— Arnould, lui dit-elle d'une voix singulièrement sombre, Arnould, laissez en paix les morts.

Le soleil se couchait, et déjà les premières

ombres tombaient dans la vallée avec de légers flocons de neige; sur le ciel pâle le vent chassait lentement les nuages vers le sud. Déjà le fond de l'oratoire se perdait dans la nuit, et Arnould ne voyait plus que la robe d'Emmeline, dont l'éclatante blancheur se détachait des noires sculptures du prie-dieu. Un morne silence régnait dans le château, on entendait à peine les mugissements affaiblis de la bise.

Emmeline détacha lentement de son col la croix de Saint-Jacques de Compostelle.

— Arnould, dit-elle en se tournant vers son amant, reprenez ce gage d'amour, qui glace mon cœur depuis que vous ne m'aimez plus.

Arnould tomba agenouillé devant Emmeline.

— Je vous aime! je vous adore! dit-il d'une voix brisée.

Emmeline poursuivit sans l'entendre :

— Dieu soit loué! fidèle à votre serment, vous êtes venu à mon cercueil pour reprendre cette croix qui troublait mon sommeil. Maintenant je vais dormir avec calme; peut-être ne m'éveillerai-je plus.

— Emmeline, chassez ces noires idées ; vous n'êtes pas morte et je vous aime.

— Je suis morte; mon âme est au ciel, mais Dieu lui permet quelquefois, à cette pauvre âme désolée, de redescendre en mon corps, qu'elle ranime pour une heure. Pour mon âme, revenir dans mon corps, c'est la joie mélancolique des voyageurs qui reviennent dans leur pays. — Oui, je suis morte ; et c'est du haut du ciel que je vous voyais dans votre prison, c'est du haut du ciel que je vois se préparer votre hymen avec Marguerite, la plus digne et la plus belle fille du monde.

— Vous aurez un ange sur la terre. — Adieu,

Arnould. Mon âme s'envole, mon cœur défaille; j'ai à peine le temps d'aller me recoucher dans la tombe. Ce n'est plus là que je vous attends, c'est au ciel. Si je reviens encore, priez pour le repos de mon âme et de mon corps.

Arnould, à demi mort de surprise, de frayeur et d'amour, tendit des bras avides pour ressaisir Emmeline.

Un bruit sec retentit dans l'oratoire; on eût dit un spectre qui s'enfuyait.

Arnould referma ses bras dans le vide.

— Emmeline! Emmeline!...

Il entendit des gémissements; et bientôt il n'entendit plus que la voix cassée du vieux curé, qui survenait dans l'oratoire.

LIVRE XI.

Les Epousailles.

I

Marguerite passait la soirée chez madame de Longpré. Les jeunes sœurs d'Arnould l'aimaient et l'accueillaient toujours avec joie.

Ce soir-là le salon était dans un charmant désordre : des robes et des parures étaient éparses sur tous les meubles; à la lumière d'une lampe d'albâtre la femme de chambre travaillait à la robe de la mariée.

— C'est donc bien vrai ? dit Marguerite comme en sortant d'un songe, je me marie !

Madame de Longpré elle-même finissait de broder le voile de la fiancée de son fils. Les sœurs d'Arnould avaient bien assez des soins de leurs parures : l'une faisait un nœud de rubans, l'autre achevait un bouquet artificiel ; toutes deux étaient animées d'une folle gaieté, elles ne pressentaient que le plaisir. C'était au plus beau temps du règne de la terreur. Dans les prisons, en face de l'échafaud, des femmes rêvaient d'amour et de fêtes, et plus d'une tête adorable tombait toute parfumée et toute parée de roses : n'était-il pas bien naturel à ces deux jeunes filles, qui n'avaient vu qu'un éclair de la Révolution, d'être en proie à de joyeuses espérances à la veille des noces de leur frère ?

Madame de Longpré avait enfin sacrifié les débris de son orgueil aristocratique à son cœur de mère. Elle voulait le salut de son fils ; elle connaissait d'ailleurs l'amour, la vertu, la générosité de Marguerite.

Pendant que ses deux folâtres filles arrangeaient leurs parures elle attira Marguerite dans un coin du salon, et lui parla beaucoup du jour néfaste qui allait venir.

— Vous serez heureuse avec Arnould, lui disait-elle en passant avec amour ses mains émues sur les beaux cheveux de la pauvre fille. Vous êtes triste, mon enfant! D'où vient cela? est-ce l'ennui? avez-vous des regrets? avez-vous des craintes? Vous êtes triste ; mais Arnould vous aime, et bientôt...

— Arnould m'aime! dit Marguerite avec amertume.

— Ne croyez-vous pas qu'il aime encore mademoiselle de Meseray? Rassurez-vous, mon

enfant: l'amour s'arrête devant un tombeau.
— Ne te chagrine pas à la pensée qu'il va souvent se promener au château : ce n'est point par un ancien culte, ce n'est point par la dévotion des souvenirs; c'est tout simplement par distraction. — O ma fille! tâche de le distraire dans ses noirs moments. Il y a en lui une ardeur insensée de lutte et de gloire qui menace de le perdre; mais cette ardeur s'éteindra dans ton amour.

Marguerite n'entendait point madame de Longpré; elle murmurait tout bas avec un sourire tristement ironique :

— Arnould m'aime!

Tout à coup la porte s'ouvrit bruyamment, et, pâle comme la mort sous son grand chapeau de feutre, Arnould apparut dans le salon.

Sa plus jeune sœur, effrayée de le voir si sombre, jeta un cri aigu. Il s'avança vers elle, et balaya d'une main convulsive tous les nœuds de rubans dispersés sur la table.

Puis, se tournant vers la femme de chambre, il saisit la robe de sa fiancée et la déchira avec une joie étrange.

Madame de Longpré était atterrée.

— Vous êtes fou! cria-t-elle à son fils.

Arnould jeta la robe à ses pieds.

— Emmeline n'est pas morte! dit-il en passant ses mains sur ses yeux.

Il se fit autour de lui un silence solennel; tout le monde semblait l'écouter encore.

Le silence fut suivi d'une rumeur sourde.

Et tout à coup Marguerite alla se jeter dans ses bras.

— Dieu soit loué! dit-elle avec un accent du cœur.

— Marguerite! s'écria Arnould qui n'avait pas vu la pauvre fille.

Et, comme il la regardait avec une tendre

pitié en maudissant son délire, Marguerite ramassa la robe de satin et voulut aussi la déchirer ; mais ses mains défaillantes retombèrent sans force.

— Oh! non! dit Arnould en la pressant dans ses bras. Pardonnez à mon égarement! Dieu m'est témoin que je ne voulais point vous offenser. Je n'ai pu voir sans m'irriter ces parures de fête quand Emmeline est vivante au fond d'une tombe.

La mère et les sœurs d'Arnould l'entouraient alors et se regardaient avec terreur.

Il raconta d'une voix haletante comment il avait vu Emmeline au château.

Marguerite regarda une dernière fois sa robe de mariée et sortit en silence.

II

Pâle et brisée, Marguerite alla se jeter aux pieds de son père, qui s'entretenait encore avec le septembriseur.

— Mademoiselle de Meseray n'est pas morte! dit-elle en levant ses yeux hagards.

Le septembriseur s'anima soudain ; Jacques Taillefer s'imagina que sa fille était folle.

— Elle n'est pas morte! s'écria le septembriseur tout éperdu.

— Arnould a vu Emmeline, reprit-elle d'une voix étouffée, — elle n'est pas morte!

— Emmeline! Je l'ai vu mourir, dit le septembriseur.

— J'ai prié Dieu sur son cercueil, dit Jacques Taillefer.

— Elle dormait; elle est sortie du cercueil; Arnould l'a vue et l'a touchée.

— Arnould! Arnould! murmura le septembriseur en agitant les mains comme pour le renverser à ses pieds.

— Pourquoi t'agenouilles-tu ainsi devant moi? dit Taillefer à sa fille en voulant la relever.

— J'ai une grâce à vous demander, mon père : puisque mademoiselle de Meseray n'est pas morte, dispensez Arnould de m'épouser.

Marguerite voulait dire : Dispensez-moi d'épouser Arnould.

La figure du cabaretier s'attrista.

Il se fit un silence pénible. Marguerite regardait son père avec angoisses ; sur les traits rembrunis de Taillefer elle cherchait le mot qu'il allait lui répondre. Ce silence de quelques secondes fut un siècle pour sa pensée : elle espérait, elle craignait ; puis elle craignait, puis elle espérait ; ou plutôt ces deux sentiments s'embrassaient dans son sein.

— Dispensez-moi d'épouser Arnould, reprit-elle d'une voix affaiblie.

— Non ! dit Jacques Taillefer avec fermeté.

Cette réponse brisa le cœur de la pauvre fille ; mais en même temps, et comme pour la consoler, une larme paternelle tomba sur sa main.

La douleur de la fille avait saisi le père.

Marguerite embrassa le cabaretier en sanglottant.

— Mon père, ayez pitié d'Arnould, ayez pitié d'Emmeline, ayez pitié de moi !

— Tu seras la femme d'Arnould, dit le tribun, qui essayait de cacher son émotion par le calme de sa voix. — Oh ! comme les nobles seraient joyeux de dire qu'un marquis a perdu la fille de Taillefer, le représentant du peuple ! Il n'en sera point ainsi : la fille du représentant sera la femme du marquis à la face du ciel et de la France !

Le septembriseur applaudit à ces paroles :

— Saint-Just n'eût pas mieux dit ! s'écriat-il avec enthousiasme.

— Et d'ailleurs, reprit Taillefer en regardant sa fille, ma famille m'a laissé pour héritage un honneur sans tache ; la dot de ta mère fut sa vertu : vas-tu perdre tout cela en un jour ? Pour ne pas épouser Arnould il fallait ne pas revenir de Paris : l'échafaud eût tout expié; un mariage sacré sera la même chose.

— Ah! si l'échafaud était là! murmura Marguerite d'une voix mourante.

Elle croyait parler à elle seule; mais son pauvre père l'entendit.

— Malheureuse! dit-il en lui pressant la main avec violence, tu regrettes d'être encore avec moi!

Marguerite se jeta sur le sein agité de son père.

— Ma pauvre enfant, ne parle plus ainsi. Si tu veux mourir, attends-moi ; tu n'attendras pas longtemps; et puis je te défends de mourir avant d'épouser Arnould; le mariage effacera tout. — Mourir, ma fille! On n'en meurt pas; on souffre, et souffrir c'est vivre. Ne pleure pas, tu me ferais pleurer aussi.

Le pauvre homme pleurait comme un enfant.

Durant une grande heure Marguerite le pria en vain. — Si je n'étais pas représentant du peuple, disait-il en l'embrassant, je m'enfuirais avec toi, mais il faut demeurer ; les nobles seuls s'en vont ; ils s'en vont à l'heure du danger en accusant les jacobins d'avoir tous les vices. Je ne veux pas que cette accusation puisse m'atteindre : ma fille sera aux yeux du monde la femme de celui qui l'a perdue aux yeux du monde. Il faut vivre sans reproche, il faut mourir dans le regret des hommes et dans la miséricorde de Dieu.

Quand Marguerite n'espéra plus vaincre son père elle l'embrassa plus tendrement que jamais.

On eût dit que c'était pour la dernière fois.

Et elle alla s'enfermer dans sa chambre.

La servante vint alors trouver Jacques Taillefer.

— Où est le septembriseur? lui demanda-t-il en essuyant ses larmes.

— Je viens de harnacher son cheval à l'instant, répondit cette fille; je crois qu'il s'en va au château de Meseray.

III

Quand le septembriseur arriva au château la vieille gouvernante finissait de souper. La pauvre femme, voyant sa mine sauvage et son costume étrange, s'imagina les choses les plus lugubres. Malgré son épouvante elle le pria de s'asseoir.

— Où est Emmeline ? demanda le septembriseur d'une voix sombre.

— Emmeline ! Hélas ! mon cher monsieur, vous ne savez donc pas que nous avons eu le malheur de la perdre ?

— Où est Emmeline ? reprit le septembriseur en frappant du pied et en jetant à la vieille un regard terrible.

— Dans la tombe, dit la servante avec un calme apparent.

— Où est-elle cette tombe ?

La vieille voulut ne pas répondre ; mais, le septembriseur ayant saisi sur la cheminée un vieux chandelier de fer comme pour le lui lancer à la face, elle murmura :

— Sous la chapelle... dans les voûtes...

— Prends cette lampe, vieille sorcière, et passe en avant pour m'éclairer.

— Jamais je n'aurai la force, je tomberai dans l'escalier. — D'ailleurs je n'ai pas les clefs.

LES ÉPOUSAILLES. 257

Le septembriseur irrité traîna loin du feu le fauteuil où était la vieille, revint à la cheminée, prit une grande bûche qui flambait bruyamment, et sortit du côté du parc en s'éclairant de cette torche redoutable.

Il rencontra la chapelle. Suivant l'ancienne coutume du château, la clef pendait au-dessus de la porte afin que tout le monde pût aller prier sans obstacle, le jour et la nuit, la Notre-Dame-de-Bon-Secours qui dominait l'autel.

Dans la chapelle, en cherchant la porte des voûtes, le septembriseur trébucha aux débris du confessionnal. Il s'alluma d'une horrible colère, il maudit Dieu, gravit les marches de l'autel, et d'une main irritée renversa tous les saints ornements.

Après avoir commis cette profanation il tomba agenouillé sur le marbre et demanda pardon au ciel.

Et, comme il levait les yeux, il vit aux lueurs

changeantes de sa bûche de chêne deux candélabres de chaque côté de l'autel. Il en alluma les cierges, et, s'avançant vers la porte des voûtes, il s'écria : — Morte ou vivante, je vais l'apporter dans cette chapelle ; vivante, je l'épouse à la face de ces divines images; morte, je m'attache à sa dépouille et je me laisse mourir sur ses ossements!

Ne pouvant ouvrir la porte des voûtes, il la brisa.

Pareillement il brisa la grille défendant les morts des vivants. D'abord il perdit la tête à la vue de tant de tombeaux, une soudaine terreur le saisit; cet homme plein d'audace, qui se fût lancé sans crainte contre toute une armée, eut peur des morts.

Pour un instant il lui sembla que tous les tombeaux rangés devant ses yeux renfermaient ses illustres victimes; il se détourna, puis se détourna encore, — toujours des tombeaux.

Il lui semblait qu'un linceul de glace tombait et retombait sur lui ; il était défaillant, le luminaire tremblait dans ses mains, une sombre pâleur altérait sa figure.

— Suis-je emprisonné parmi ces tombes ? se demanda-t-il en repoussant les cheveux qui l'aveuglaient.

Son imagination égarée lui retraça les scènes sanglantes qui avaient souillé sa vie, et il s'agita comme un criminel qui lutte avec ses remords.

Tout à coup il recula de quelques pas.

— Non ! non ! s'écria-t-il, je ne veux pas mourir !

Il avait vu le cercueil vide de mademoiselle de Meseray.

Et, la raison lui revenant :

— Elle n'est donc pas morte! cria-t-il avec une joie sauvage.

Il détourna le linceul à diverses reprises, il le pressa amoureusement de ses mains et de ses lèvres, et sortit bientôt de la chapelle pour aller à la recherche d'Emmeline. La petite chambre où avait soupé la vieille était déserte à son retour. Il s'arrêta indécis devant la fenêtre, et leva les yeux comme pour demander au ciel où était mademoiselle de Meseray. Il vit alors glisser une lumière dans une aile du château qui, depuis tantôt un siècle, n'avait pour habitants que les oiseaux de proie.

IV

Dans sa chambre Marguerite versa d'abondantes larmes, l'orage de la douleur éclatait en son âme ; elle était tombée agenouillée devant une grossière image coloriée représentant Jésus crucifié.

— O mon Dieu! dit-elle en sanglottant, il faut donc que je meure aussi!

Et elle regardait d'un œil désolé l'armoire de chêne qui renfermait ses robes et ses parures, le lit où tant de fois elle s'était endormie et réveillée toute palpitante d'amour, la fenêtre où le matin elle s'appuyait en essayant de ressaisir ses songes envolés.

— Hélas! reprit-elle dans un moment de désespoir, que ne suis-je morte avec Arnould!

Et elle maudit Camille Desmoulins d'avoir sauvé son amant. Mais bientôt elle eut un éclair de joie en pensant que sa mort serait une délivrance pour Arnould.

— Pauvre folle que j'étais! comment ai-je pu me bercer un seul instant de l'espoir de devenir sa femme? Mais le jour du mariage je serais morte de joie! — Non; il est écrit au ciel que ma vie se passera dans la douleur; j'ai vingt ans, et déjà je suis lasse de souffrir; je vais me reposer dans la mort.

Elle écrivit à Arnould ; en écrivant elle pleurait. Les lettres d'adieu sont des lettres semées de larmes et je regrette de ne pouvoir dire : Durant deux heures Marguerite pleura à Arnould.

« Arnould, quand vous lirez cette lettre
« Marguerite sera morte ; la destinée l'a
« voulu ; on se débat vainement contre la
« destinée. Accordez-moi une larme, mais
« ne me plaignez pas ; j'étais mal à l'aise dans
« ce monde, je vais ailleurs sans regret. S'il
« y avait encore des couvents j'irais m'en-
« fermer dans quelque cellule bien sombre,
« et je passerais le reste de ma vie dans ma
« douleur qui m'est douce, dans mes souve-
« nirs et dans l'amour de Dieu. Depuis une

« heure je rêve cette volupté amère d'user
« mon pauvre corps dans la souffrance, d'a-
« paiser mon cœur par le cilice, d'amortir
« mon front sur la pierre d'un autel solitaire.
« Mais il n'y a plus de couvents, et je n'ai de
« refuge que dans la mort ; ce sera plus tôt fini.
« Hélas ! pourquoi le bon Dieu m'a-t-il en-
« voyée sur la terre ! N'avais-je donc pas d'au-
« tre mission que celle de mourir ? Encore si
« j'étais bien sûre que ma mort fût une déli-
« vrance pour vous, si j'étais bien sûre d'em-
« porter dans mon triste voyage un regret,
« une larme... Ma vie a été mauvaise : quand
« j'ai commencé à bégayer le nom de ma
« mère, ma mère est morte ; durant mes jeu-
« nes années j'ai été toute seule malgré l'a-
« mour de mon pauvre père ; j'étais gaie,
« vive, folâtre, je riais, je chantais, je dan-
« sais ; mais, au fond de moi-même, je ressen-
« tais déjà les premières atteintes du malheur ;

« c'était comme un pressentiment. Souvent,
« après un clair éclat de rire, je soupirais
« sans savoir pourquoi; plus d'une fois je
« me suis enfuie dans un coin pour cacher
« mes larmes ; je trouvais déjà un charme
« étrange à pleurer, et je m'en accusais à
« confesse comme d'un grand péché. Mon
« pauvre père ne voyait pas que je souffrais
« au milieu de ce cabaret, tout retentissant de
« mauvaises paroles. D'abord j'écoutais avec
« une grande curiosité; peu à peu mon cœur
« s'est révolté, et toutes les mauvaises paroles
« ont été pour moi autant de flèches empoi-
« sonnées. Je n'osais en avertir mon père, et
« je souffrais toute seule. Quand on souffre à
« deux on ne souffre pas. Enfin un dimanche,
« c'était un beau jour ! votre amour est venu
« me consoler; mais à peine étais-je à votre
« cœur, car j'ai été jusque-là, que mademoi-
« selle de Meseray vous est apparue pour m'en

« chasser. Elle a pris ma place; je me suis
« vengée d'elle en prenant sa place dans la
« prison et dans le tombeau. Pardonnez-moi
« mon orgueil, Arnould.

Ces quatre dernières lignes étaient à demi
effacées par un trait de plume.

« Je me plains : quelle faiblesse! Il est donc
« bien doux de se plaindre! Je vous dis que
« ma vie a été mauvaise, Arnould : quel men-
« songe! — O mon Dieu, pardonnez-moi! N'ai-je
« pas eu sur la terre des joies du ciel? ne
« vous ai-je pas aimé, Arnould? —Ah! si je
« pouvais respirer avant de mourir le chaste
« parfum d'une jacinthe!

« La bise jure sur le toit et siffle dans la
« cheminée. Que j'aimais et que j'aime encore
« ces bruits sauvages!

« Je n'ai été vraiment malheureuse que de-

« puis votre promesse de mariage. Je savais
« bien que cela était impossible, je pressen-
« tais que votre sacrifice ne serait point con-
« sommé, et pourtant votre sacrifice m'acca-
« blait.

« Je me suis préparée pour la mort comme
« pour un jour de fête. C'est en effet un jour
« de fête que j'attendais depuis longtemps.
« D'abord c'était sur la guillotine que je
« voulais mourir, ensuite c'était le jour de
« notre mariage en descendant de l'autel;
« enfin je vais mourir dans un tombeau... Hé-
« las! si vous n'aviez déchiré ma robe de ma-
« riée, je l'eusse mise pour la mort... De
« tristes épousailles!... Vous m'avez fait
« bien du mal, Arnould, en déchirant cette
« robe! Était-ce ma faute? mon père voulait
« ce fatal mariage, il voulait que la vertu de
« notre famille fût préservée des mauvaises
« langues. Ce vœu n'a pu être accompli.

« Plaignez mon père et consolez-le jusqu'à sa
« dernière heure.

« Je voulais ne vous écrire que deux lignes,
« et voilà que j'oublie de m'arrêter. Pardon-
« nez-moi tout ce bavardage : je suis une
« femme ; et puis je vous parle pour la der-
« nière fois. Peut-être nous verrons-nous au
« ciel.

« Vous vous souvenez de ce petit flacon
« d'opium que j'ai découvert à l'Abbaye :
« j'ai bien fait de le garder. Au fond du cœur
« je pressentais que c'était une bonne trou-
« vaille; c'était l'héritage d'une mourante, c'é-
« tait un don du malheur : pour moi n'était-ce
« pas la meilleure chose du monde?

« Adieu, Arnould. Que ne puis-je dire : Au
« revoir! Emmeline n'a que vous au monde,
« aimez-la toujours. Dans vos longues soirées
« d'hiver, parlez quelquefois ensemble de Mar-
« guerite.

« Au printemps, quand refleuriront les
« roses de mai, allez-en cueillir dans le jar-
« din de mon père.

« Adieu, adieu.

« Marguerite Taillefer. »

Après avoir écrit ainsi Marguerite pria Dieu et se coucha; elle dormit paisiblement jusqu'à l'aurore.

— Je me croyais déjà morte, dit-elle en rouvrant ses beaux yeux; pourquoi me réveiller encore !

Elle mit une robe blanche et se surprit à tresser ses cheveux.

— Cette fois c'est pour la mort, dit-elle avec un triste sourire.

Elle cacha sa tête dans une cape de soie brune, elle couvrit ses frileuses épaules d'un manteau de drap, et s'avança vers la porte de sa chambre,

— Hélas! dit-elle, si le Seigneur daignait me laisser revenir ici par quelque belle nuit d'été, quand le vent apporte par la fenêtre l'enivrant parfum des roses!...

Comme elle descendait l'escalier elle s'arrêta tout d'un coup et revint sur ses pas. Elle avait déposé dans une vieille chiffonnière son petit flacon d'opium :

— J'avais un pressentiment que cela me servirait.

En ouvrant la chiffonnière une douce odeur de fleurs fanées la fit renaître à ses plus beaux jours.

— Ah! fit-elle avec un doux et triste sourire; et les bras lui tombèrent.

Elle retourna à la porte, jeta un dernier regard dans sa chambre, et redescendit l'escalier en soupirant. Jacques Taillefer dormait; malgré sa crainte de l'éveiller, elle alla jusque devant son lit. D'abord la nuit l'empêcha de voir son père; peu à peu la première lueur du matin déchira l'ombre comme par une grâce de Dieu : elle entrevit la tête de Taillefer paisiblement renversée sur l'oreiller.

Elle eut un déchirement de cœur et chancela dans son triste dessein.

— Il va rester seul, pensa-t-elle; Dieu me punira de l'avoir abandonné.

Et en réfléchissant :

— Non, non! Il faut mourir ou épouser Arnould; mon pauvre père l'a dit lui-même : il faut donc mourir.

Elle embrassa doucement le front paternel.

— Vous ne serez pas seul, mon père; la vertu vous demeurera.

Jacques Taillefer s'agita : une larme brûlante venait de tomber sur son front.

Marguerite s'enfuit. En déverrouillant la

porte de la maison elle ne put arrêter un sanglot.

Elle s'enfuit au château de Meseray. Le tilleul fut la dernière chose qu'elle vit sur son chemin : durant toute sa course ses regards poursuivirent dans l'ombre les images confuses d'Arnould et d'Emmeline; elle se croyait déjà dans la nuit éternelle.

Elle arriva au château toute haletante et tout éperdue.

Comme elle allait vers le perron elle vit par la fenêtre de l'oratoire, à la lumière pâlissante d'un candélabre, elle vit Emmeline, et aux pieds d'Emmeline, à demi voilé par l'ombre du prie-dieu, un homme agenouillé avec amour. C'était le septembriseur, Marguerite crut que c'était Arnould.

— Toujours Arnould et Emmeline! dit-elle douloureusement.

Elle passa dans le parc.

— Elle n'est pas morte! c'est donc bien vrai! la voilà revenue pour me chasser!

La pauvre fille maudit sa rivale.

— La maudire! maudire l'amante d'Arnould! Où avais-je donc le cœur?

Elle arrivait devant la chapelle, dont la porte était ouverte à deux battants.

— Voyez, dit-elle en souriant avec amertume, la mort m'attend: la porte de ma tombe est déjà ouverte.

Avant d'en franchir le seuil elle regarda une dernière fois avec avidité le ciel et la nature.

Le ciel était clair, la nature était morne; le soleil allumait l'orient, la neige blanchissait la tête des montagnes.

Elle entra dans la chapelle. Tout y était en désordre; les ornements de l'autel gisaien éparpillés sur les dalles de marbre. Comme elle se demandait d'où venait cette nouvelle profanation, elle s'aperçut avec une triste joie que la porte de l'escalier des voûtes était renversée sur le seuil.

Elle rejeta sa cape et son manteau et descendit avidement. L'humidité la saisit et la glaça; l'obscurité des voûtes lui sembla un ample linceul.

— O mon Dieu! dit-elle en frissonnant, descendre vivante dans le tombeau!

Elle eut peur et voulut remonter; mais à cet instant elle vit en dépassant une arcade la lumière des deux lampes qui brûlaient éternellement dans cette grande sépulture : elle avança avec plus d'ardeur que jamais.

Comme la porte de la chapelle, la porte du mausolée était ouverte à deux battants.

— Dieu permet donc que je meure puisque je ne rencontre aucun obstacle.

Elle s'avança vers les deux lampes. En approchant elle découvrit le cercueil de mademoiselle de Meseray à demi caché sous le linceul larmé d'argent.

— C'est là qu'elle dormait, et c'est là que je vais me coucher. O Seigneur Dieu! faites que mon sommeil soit long! — Une horrible sépulture! reprit-elle en voyant des tombes de tous côtés. Que ne suis-je allée mourir dans le cimetière d'Origny! mes yeux se seraient fermés en voyant le ciel. Ici les morts sont emprisonnés; là-bas ils sont libres, ils sont plus près des vivants, ils entendent le bruit des pas, des orages, du vent et de la pluie; ils sentent l'hiver et l'été; ils ont un jardin au-dessus d'eux, ils se métamorphosent en herbes et en fleurs; ici, au-dessus des morts il y a des pierres. — J'étouffe! il faut que je revoie le soleil.

Marguerite prit une des lampes d'une main émue et retourna vers l'escalier. En marchant son pied rencontra la tombe en pierre destinée par Jacques Taillefer à mademoiselle de Meseray.

— O mon père! dit-elle en passant la lampe sur l'épitaphe et en relisant ces trois mots : *Sainte, vierge et martyre,* c'est mon nom qu'il fallait inscrire là.

Elle tomba plus avant dans sa douleur; et, oubliant son désir de revoir le soleil, elle saisit son flacon, en arracha le couvercle d'une main convulsive, et but l'opium avec de la joie et de la frayeur.

— Tout est fini! dit-elle en chancelant.

L'écho des voûtes, qui ne s'éveillait qu'à de longs intervalles, répéta lugubrement ces dernières paroles des amants et des moribonds : *Tout est fini!*

Elle retourna devant le cercueil. En la voyant si blanche dans cette sombre solitude on eût dit le spectre d'une vierge.

Elle déposa la lampe sur le piédestal et res-

pira comme après une longue course. Hélas!
une longue course!

S'étant agenouillée, elle pria. — Alors, l'écho
redisant ses prières, elle s'imagina qu'elle assistait à son enterrement. Elle eut horreur de
la mort et voulut s'enfuir, mais la mort ne
lâche point sa proie; la mort était là devant
elle, et déjà sur ses épaules elle sentait ces
mains glaciales qui s'étendent partout.

Elle eut à peine le temps de se coucher
dans le cercueil.

En vain elle tendit la main pour attirer le
linceul sur son corps tout frissonnant.

— Adieu! dit-elle d'une voix éteinte.

Une voix éteinte dit comme elle : — Adieu!

V

Au château, après avoir reperdu son amante, Arnould avait vainement supplié le vieillard, à son arrivée dans l'oratoire, de lui dévoiler le mystère qui enveloppait lugubrement Emmeline. Après les prières il avait sans plus de succès essayé de la violence. Le vieillard s'était élevé au ciel dans une pieuse extase, et rien ne pouvait alors le ramener sur la terre. La colère, l'effroi, la douleur avaient encore une fois égaré Arnould, et il s'était enfui vers Origny dans le vague dessein d'ouvrir son cœur à Jacques Taillefer et de l'appeler au secours d'Emmeline.

Dans le salon de sa mère, aussitôt que Marguerite en fut sortie, il tomba dans un spasme des plus violents ; il fallut le porter dans son lit. Madame de Longpré passa la nuit à le veiller.

Il avait le délire jusque dans son sommeil ; il se débattait avec les plus mauvais songes : tantôt il poursuivait le fantôme d'Emmeline, tantôt il se croyait enfermé dans une tombe de pierre ; il voyait la mort dans toute sa laideur : les vers venaient le visiter en son dernier gîte ; les uns déchiraient son cœur, les autres pendaient à ses yeux comme des cils ; dans le morne silence il entendait le bruit sourd de leurs mâchoires infatigables ; en vain il voulait chasser ces hôtes importuns, il voulait les arracher de son cœur et de ses yeux : la mort enchaînait ses mains.

Durant toute la nuit il fut en proie à ces terreurs.

Aux premières clartés du matin il s'imagina d'abord qu'il sortait de la nuit du tombeau. Peu à peu, à la vue de sa mère, qui dormait depuis une demi-heure, il redevint presque raisonnable; il pensa à ses songes, il pensa à Emmeline; et tout à coup, se ressouvenant confusément des choses étranges de la veille, il se jeta hors de son lit, s'habilla en toute hâte et partit pour le château.

En s'éveillant la pauvre mère s'en alla, sur les indices d'une servante, prier Jacques Taillefer de courir au château.

Le cabaretier s'empressa de se lever. Il était désolé, soit qu'il eût un pressentiment des malheurs de ce mauvais jour, soit qu'il se souvînt des peines de Marguerite. Il suivait tristement le chemin du château, en homme compatissant qui va assister à une scène de deuil. Il marchait, sans le savoir, plus vite que de coutume ; il était entraîné par les fascinations du malheur ; il était chassé par le mauvais souffle du destin.

En descendant la montagne d'Origny il regretta de ne point avoir embrassé sa fille avant de partir. En arrivant au bois de Meseray il lui vint la pensée que Marguerite était au château ; et quand il vit dans le brouillard les tours massives du portail, son cœur ému s'oppressa, de sinistres idées traversèrent son âme.

Quand Arnould arriva devant le donjon son regard avide erra partout. D'abord il vit les arbres de la cour, les colonnades du perron, et tout à coup dans un coin désert le cheval blanc du septembriseur, ou plutôt le cheval de l'infortuné comte de Meseray.

Le noble animal, encore tout harnaché, avait vainement henni et frappé du pied durant toute la nuit pour demander son ancien gîte; il arrachait alors d'une dent distraite les herbes fanées encadrant les pavés.

Comme Arnould le regardait avec compassion, il vint à sa rencontre et le salua par un hennissement lugubre. Arnould, touché jusqu'aux larmes, le flatta de la main et lui parla comme à un ami.

Mais au même instant il pensa au septembriseur.

— Le septembriseur! dit-il en grinçant les dents.

Il s'élança vers le perron; dans sa course ses yeux, qui voyaient tout, s'arrêtèrent effarés sur la fenêtre de l'oratoire.

C'était une fenêtre ogivale chargée d'ornements chrétiens, dont les vitres de diverses couleurs représentaient le supplice du Christ. Dans le ravage du donjon l'un des battants du vitrage avait été fort endommagé : ce fut par là qu'Arnould vit passer le septembriseur. Il courut sous la fenêtre, et s'aperçut avec désespoir qu'elle était à douze pieds du sol. Il tendit les bras comme pour voler, il essaya de grimper à la muraille, il voulut jeter des pierres pour attirer le septembriseur ; enfin il lui vint le dessein plus sage d'aller à l'oratoire par le véritable chemin. En deux bonds il fut dans le vestibule, dans la grande salle des portraits, à la porte de l'oratoire. Cette porte était fermée en dedans, et il s'épuisa en vaines secousses pour l'ouvrir ; il eut beau frapper des pieds, s'arracher les mains, appeler le ciel à son aide, la porte demeura close.

De guerre lasse, il se mit à écouter avec angoisses : il entendit le rire moqueur du brigand, et, au travers des éclats de ce rire qui le jetait dans une furieuse démence, il entendit de faibles gémissements.

Alors, ne se possédant plus, il se remit à frapper.

— Qu'est-ce qui s'amuse à faire tant de tapage? cria le septembriseur.

— Ce n'est point un lâche comme toi, cria Arnould d'une voix brisée; c'est un homme qui veut fouler un brigand à ses pieds!

— Tout beau, mon mignon; prends un peu de patience : dans quelques heures le brigand accueillera mieux tes fanfaronnades. Pour le moment il est retenu dans la chambre du bon Dieu par un devoir suprême. Va te promener plus loin.

Arnould tâchait de saisir parmi ces paroles, qu'il n'écoutait pas, une plainte, un soupir, un souffle d'Emmeline; mais il n'entendait pas, soit que la voix sonore du septembriseur couvrît tous les autres bruits, soit que mademoiselle de Meseray gardât involontairement le silence.

Il s'éloigna comme un fou de la porte fatale de l'oratoire. Il avait les yeux hagards, la figure violette, les cheveux hérissés, les mains sanglantes; la fièvre, la colère, la douleur et l'amour le dévoraient.

— O mon Dieu! s'écria-t-il en se retournant vers l'oratoire, ouvrez-moi cette porte ou abîmez-moi!

Il eut envie de se briser la tête sur une des colonnes de la grande salle; mais avec cette envie le dessein lui vint d'arriver dans l'oratoire par la porte cachée qui s'ouvrait dans les voûtes; et, sans songer au détour qu'il lui fallait prendre, aux obstacles qu'il devait rencontrer, il saisit ardemment ce dessein, comme le naufragé sa dernière planche de salut.

Il s'élança avec une rapidité surhumaine, et ne s'arrêta qu'à la vue du cercueil d'Emmeline. Les lampes y jetaient leurs reflets mourants comme de tristes adieux.

En s'arrêtant Arnould fut effrayé du silence; le manteau glacé de la mort descendit sur son épaule, son cœur éperdu s'apaisa.

Il voulut passer outre, mais il tomba involontairement agenouillé devant le cercueil.

Ayant vu la pâle figure de Marguerite à demi voilée par ses cheveux noirs, il jeta un cri déchirant.

— Où suis-je? ô mon Dieu! dit-il en se frappant le front.

Il détourna les cheveux d'une main convulsive, et sa tête égarée tomba sur le front de Marguerite.

— Emmeline! est-ce donc là que je devais vous retrouver! — Réveillez-vous, Emmeline! réveillez-vous encore, et je ne vous laisserai plus dormir que sur mon cœur. — Emmeline, réveillez-vous !

Arnould releva la tête, et regarda la morte d'un œil hagard.

— Marguerite ! s'écria-t-il en éclatant de douleur.

Il souleva le linceul; et, voyant mieux encore les traits altérés de la défunte :

— Marguerite à la place d'Emmeline! — Seigneur, dévoilez-moi tous ces mystères !

A peine eut-il dit ces mots qu'il entrevit dans une des mains de Marguerite la lettre qu'elle lui avait écrite durant sa dernière nuit avec tant de douleur enivrante. Arnould arracha cette lettre et la dévora du regard à la morne clarté des lampes.

Et, se penchant encore au-dessus de Marguerite : — Hélas ! elle a été l'ange gardien d'Emmeline; elle n'est venue en ce monde que pour la protéger; sa pauvre vie s'est usée en sacrifices pour l'orpheline. — O Marguerite, vous êtes la plus généreuse et la plus regrettable des femmes! vous vous êtes dévouée jusque dans la mort. Emmeline avait pris votre place dans mon cœur, et pour vous venger vous avez pris en ce monde toutes les mauvaises places d'Emmeline; elle a pris vos joies, et vous avez pris ses douleurs; elle a pris votre vie, et vous avez pris sa mort. Dieu vous bénisse et vous garde en son sein, comme je garderai votre chère souvenance en mon cœur!

Toutes ces pensées s'agitaient confusément dans l'âme d'Arnould pendant qu'il contemplait en silence la face blanche de la morte.

Malgré les épines déchirantes du poison, malgré les débats de la vie contre la mort, Marguerite s'était doucement endormie dans l'éternel sommeil. Sa bouche décolorée était souriante à demi; il semblait qu'elle entrevît le ciel à travers ses paupières closes.

Le dernier moment de la vie est doux aux agonisants pieux; ils se défont des chaînes terrestres, ils entrevoient déjà la terre promise, ils ont la joie de l'oiseau captif qui s'échappe de sa prison, la joie du naufragé qui touche à l'abordage. C'est un solennel moment; ils rayonnent de la lumière divine, ils s'élèvent de la forêt touffue des mauvaises passions, ils foulent du pied les misérables vanités de ce monde; ils ont enfin la science de la vie, car Dieu a déjà parlé à leurs âmes : ils savent que la vie est une mer agitée qui conduit les hommes à des pays inconnus, ils savent qu'il faut souvent résister au courant de cette mer, sous peine d'échouer sur un mauvais rivage; et ils sont heureux d'avoir bien fait cette traversée difficile.

Marguerite était morte en songeant qu'elle

ne serait point exilée de la terre promise : sa vie était sans taches, et elle n'avait qu'un pardon à demander à Dieu, le pardon de sa mort.

— La pauvre fille ! dit Arnould en l'embrassant avec enthousiasme ; sa route dans ce monde a été semée de larmes !

Un sourd gémissement s'éleva dans les voûtes.

Arnould se retourna, et ces paroles retentirent dans son âme :

« Bienheureux ceux qui passent leur vie « dans les larmes ! »

Arnould écouta encore, il n'entendit plus que le silence.

Et, se ressouvenant tout à coup d'Emmeline, qui était la proie du septembriseur, il s'élança à la porte de l'oratoire ; mais, comme la bête affamée qui s'enferme avec sa victime, le septembriseur s'était enfermé de toutes parts avec la pauvre orpheline.

VI

Arnould retourna sur ses pas, plus désolé et plus éperdu. En repassant devant le cercueil il se sentit mourir; sans une confuse espérance, il tombait à côté de Marguerite. Tout à coup il s'arrêta. Son regard errant avait suivi le reflet lointain des lampes sépulcrales : il avait vu le vieux prêtre étendu dans un coin devant la tombe de madame de Meseray.

Il alla vers lui.

— O mon Dieu! c'est vous! dit-il sans savoir ce qu'il disait.

— Oui, mon enfant, c'est votre vieux curé qui est à l'heure de sa mort ; encore quelques instants de souffrances, et tout sera fini. Ce matin j'ai pressenti ma fin, j'ai vu la mort à mon lit. J'ai voulu revoir Emmeline, que je croyais ici, et je suis venu tomber dans ce lit mortuaire d'où je ne sortirai point.

Le vieillard reprit son souffle.

— Je n'ai pu revoir Emmeline ; j'ai vu Marguerite, qui s'est sacrifiée. En vain j'ai voulu la secourir, j'ai voulu l'empêcher d'accomplir son mauvais dessein : l'heure était venue pour elle, car Dieu ne m'a rendu ni force ni parole pour l'en détourner.

Comme le vieillard essayait de relever la tête, Arnould lui tendit les mains.

Et, pensant toujours à délivrer mademoiselle de Meseray du septembriseur, il voulut s'élancer hors des voûtes; mais le vieillard qui se ranimait :

— Écoute-moi, mon enfant; il faut que tu m'écoutes ; dans quelques minutes il serait trop tard : — Emmeline n'est point morte. Le lendemain de son enterrement, comme je priais ici pour le repos de son âme, j'ai entendu un gémissement; tout à coup le cercueil s'est ému, les planches ont résonné sous les coups; enfin le couvercle s'est levé, et la ressuscitée, toute pleine d'épouvante, est sortie comme par un divin miracle.

Le vieillard laissa retomber sa tête.

— Mais elle avait perdu son âme, reprit-il d'une voix plus faible ; elle était tout à la fois morte et vivante; elle était folle, elle était possédée d'un esprit céleste. Elle gardait toujours ses vêtements funèbres, elle dormait souvent dans son cercueil. Si elle était folle, c'était une belle et sainte folie : la pauvre fille se croyait dans le ciel ; elle racontait ses joies parmi les anges, elle s'imaginait qu'elle ne reparaissait sur la terre que comme les revenants. Et je suis coupable de l'avoir laissée dans ces idées superstitieuses... Pourqnoi ne t'ai-je pas tout dit à toi...

Le vieillard baissa son front sous le repentir.

— Je suis coupable aussi de plusieurs mensonges : pour la sauver des républicains, la pauvre fille noble, j'ai dit à tous qu'elle était morte. J'espère en l'inépuisable miséricorde de Dieu...

Le prêtre tendit les bras vers Arnould, qui déjà avait dépassé la porte massive des voûtes.

— Arnould, mon enfant, je n'ai point tout dit...

Arnould n'entendait plus; et quand on descendit dans la sépulture le vieillard était mort.

En arrivant dans la cour, traînant une échelle d'une main défaillante, Arnould vit un groupe agité sous la fenêtre de l'oratoire. C'était Jacques Taillefer, c'étaient quelques bûcherons attirés du bois au château par la curiosité.

Alors un grand nombre d'hommes et de femmes d'Origny s'avançaient en désordre dans l'avenue. Le bruit s'était répandu que mademoiselle de Meseray n'était pas morte, et chacun voulait la voir, chacun voulait lever le voile de ce grand mystère; d'ailleurs c'était un souvenir du jour de révolte, et les fanatiques et les vagabonds espéraient revoir le trouble et le carnage.

En entendant leurs sauvages clameurs l'horrible amant d'Emmeline se mit à la fenêtre comme un homme qui vient d'entendre un éclat de tonnerre et qui pressent un orage.

VII

On se souvient peut-être que le septembriseur, allant à la recherche d'Emmeline, avait vu briller une lumière dans une aile délaissée du manoir. Il était minuit; un silence de mort régnait en cette vaste solitude. Le septembriseur traversa diverses salles désertes, monta un escalier en spirale, et surprit la vieille gouvernante au moment où elle fermait la porte d'une petite chambre. Il repoussa la pauvre vieille dans cette chambre, et à peine eut-il franchi le seuil qu'il vit un lit caduc encapuchonné dans des lambeaux de damas jaune. Il se jeta contre le lit, arracha violemment le rideau, et laissa tomber ses mains à la vue d'Emmeline qui sommeillait.

— La voilà! dit-il en soupirant.

Son regard de tigre s'adoucissait dans l'amour, sa figure irritée se voilait de mélancolie et de tendresse; la vieille n'avait plus peur en face de lui.

— Tu vois bien qu'elle n'est pas morte, vieille harpie! reprit-il en regardant la gouvernante. Tu la dérobais au monde; que l'enfer te possède! — Oh! non, ma bonne vieille; soyez bénie du ciel! vous avez préservé Emmeline des brigands.

Il se pencha au-dessus de l'orpheline:

— Elle dort du sommeil des anges! Aurai-je la barbarie de l'éveiller, moi qui suis son épouvante? Qu'elle est belle ainsi! — O mon Dieu! apaisez mon cœur et ma bouche et mes mains!

Il y avait tant de candeur sur la figure endormie d'Emmeline que cet homme souillé de débauche fut saisi d'une radieuse extase en la contemplant; dans son âme, ravagée par d'orageuses et d'impures amours, il retrouva une verte savane où il se reposa de ses crimes avec l'image d'Emmeline; il retrouva un lac paisible où il vit se réfléchir le beau ciel sans nuages de sa première jeunesse. Il ne ressentait aucune épine de la volupté; en voyant mademoiselle de Meseray il n'avait que le désir de la voir encore et de la voir toujours. Il passa à la contempler le reste de la nuit, debout et immobile, distrait par le jeu fantasque des rêveries, égaré dans les ténèbres infinies de son amour.

La vieille avait allumé du feu et elle priait devant l'âtre. De temps en temps le septembriseur allait se chauffer les pieds et les mains; puis il s'en retournait en silence devant le lit.

Emmeline, ensevelie dans un sommeil profond, ne s'éveilla qu'aux premières clartés de l'aurore; elle murmura deux fois le nom d'Arnould, comme si Arnould s'envolait avec ses songes. Alors le septembriseur, ranimé à la colère par ses noires jalousies, ne fut plus maître de ses actions; il se jeta avidement sur Emmeline, la saisit, l'enlaça, l'étreignit, et s'enfuit avec elle tout éperdu.

Il courait comme un insensé par les salles désertes du manoir; Emmeline jetait un cri mourant et semblait ignorer qui l'emportait ainsi. Dans l'oratoire elle s'échappa des bras du septembriseur, s'élança sur le prie-dieu et s'attacha de toutes ses forces à l'un des anges sculptés.

Le septembriseur, calmé par la vue du Christ et des saintes images, tomba agenouillé devant Emmeline et lui demanda grâce d'un regard suppliant.

Elle détourna sa blonde tête avec épouvante.

—N'ayez pas peur, Emmeline; ne craignez ni mon amour ni ma colère.

Emmeline était défaillante.

— Si vous saviez tout ce que j'ai souffert depuis un an! j'ai traîné après moi toutes les misères de la vie. Je vous croyais morte, et mille fois j'ai voulu mourir; mais la mort m'effrayait tant! Pour vous la mort est le ciel, pour moi c'est un abîme plein de sang et de feu. Je suis déjà la proie des furies de l'enfer, j'entends leurs cris, je les vois qui m'environnent et qui me menacent; quand je sommeille, la nuit, elles m'arrachent le cœur. Ma vie est un supplice infini, dont la mort ne me délivrera point. Souvent, pour échapper à cette noire ceinture de furies, je m'élance sur mon cheval et je m'enfuis au travers des vertes campagnes; mais je ne vois ni les arbres, ni les moissons, ni les ruisseaux; je vois sans cesse sur mon chemin, sous mes yeux, la hideuse guillotine qui me tend ses bras rouges; je vois mon sang qui coule, je vois ma tête et mon corps qui tombent dans un cercle de feu, et je ne puis détourner mes regards.— Emmeline! Emmeline, ayez pitié de moi! je suis bien misérable!

Emmeline étreignait toujours l'ange sculpté du prie-dieu; ses lèvres pâles s'agitaient pour prier, mais elle ne priait pas.

— Emmeline! Emmeline! reprit le septembriseur, de grâce un peu de compassion! N'ayez pas peur devant moi : je vous aime trop pour devenir infâme ; un de vos doux regards, un de vos chastes sourires, une seule plainte de votre bouche, et je m'enfuis, la joie dans le cœur pour toute ma vie.

Emmeline se retourna tout à coup et lui jeta un regard méprisant.

— Je ne vous crains pas, lui dit-elle : Dieu veille sur moi, Dieu me préservera de vous.

Le septembriseur bondit comme un tigre ; son cœur, apaisé dans les tendres délices de l'amour, se ralluma aux mauvaises passions :

— Je t'ai dit tout ce qu'il y a d'amour en moi, mais tu ne sais pas tout ce qu'il y a de colère !

— C'est votre colère que je veux, dit Emmeline ; soyez un tigre pour moi, déchirez mon corps en lambeaux, qu'importe ? mon âme est au ciel.

Alors Arnould secouait de toutes ses forces

la porte de l'oratoire. Emmeline jeta un cri d'espérance, mais, voyant le septembriseur saisir le sabre appendu à sa ceinture, elle gémit douloureusement. Le cri d'espérance s'était perdu dans les retentissements de la porte, le gémissement se brisa au cœur d'Arnould.

Un morne silence suivit sa fuite dans les voûtes.

— Nul ne vous préservera de mon amour ou de ma colère, dit le septembriseur en lâchant son sabre; votre amant vient de venir, il s'est en allé comme il était venu. Les portes sont bien verrouillées; la fenêtre seule est à claire voie, mais je suis là, et si votre amant s'avisait d'y grimper je le descendrais bien vite dans le royaume des taupes.

Le brigand était irrité : la colère étouffait l'amour en lui; mais, s'étant remis en contemplation devant Emmeline, sa fureur se calma tout d'un coup dans l'extase de son cœur.

— Oh! que vous êtes belle! reprit-il d'une voix attendrie.

Et durant quelques minutes, le front penché, les bras tombants, le regard adouci dans une larme, il demeura silencieux en face d'Emmeline.

Emmeline le regardait avec égarement.

— Qui êtes-vous donc? lui demanda-t-elle en le voyant pleurer.

Et elle lui tendit sa main en signe de compassion.

Il n'osait toucher cette blanche main.

— Vous pleurez, lui dit-elle d'une voix attristée, vous pleurez! Qu'avez-vous donc?

Le septembriseur tomba agenouillé :

— Je pleure parce que je vous aime.

viii

VIII

Cependant les curieux se répandaient dans la cour et dans les salles du donjon; le plus grand nombre s'attroupaient sous la fenêtre de l'oratoire autour d'Arnould et de Jacques Taillefer.

En vain Arnould avait essayé de dresser l'échelle sur la balustrade, le septembriseur était toujours survenu à propos pour repousser l'échelle. Il n'osait parler à Jacques Taillefer, dans la crainte de lui révéler la mort de Marguerite; et d'ailleurs il était si égaré par sa colère et par sa douleur qu'il ne pouvait que gémir.

— Où est Emmeline? dit un des arrivants en secouant sa houpelande neigeuse.

— Il faut la voir, dit un autre d'un air fort décidé.

— La sournoise qui s'est fait enterrer! murmura le jeune maître d'école, qui faisait l'école buissonnière. Il ne faut jamais se fier à ces gens-là; ils vous disent : Je suis mort; et un beau jour les voilà qui reviennent comme midi à quatorze heures, sans tambour ni trompette.

— Je t'avais bien dit, citoyen Jean, qu'il y avait des revenants au château, dit un petit homme joufflu et jovial. Ces ci-devant ont tous les priviléges dans ce monde-ci et dans l'autre.

— Je ne suis pas si bête de croire aux revenants. La demoiselle n'était pas morte, elle n'en avait que la mine, dit le citoyen Jean, qui n'avait guère la mine d'un vivant et qui s'inclinait déjà vers la tombe.

— Est-ce que tu crois à la mort, ma commère? dit le petit homme jovial. C'est une chanson des curés; je veux bien que le diable m'emporte si je meurs jamais.

— Il est clair qu'on ne meurt plus; c'était bon pour nos aïeux, reprit le maître d'école.

— Nous ne sommes pas pour rien dans le siècle des lumières, ajouta un sans-culotte forcené dont la mine n'était guère lumineuse.

— Vous ne voyez guère clair à tout ce que vous dites, reprit d'un air malicieux une femme qui avait eu des cheveux noirs et des dents blanches; la mort ne fait que croître et embellir.

— D'ici quelque temps il y aura tant de défunts qu'il n'y aura plus de vivants, murmura tout bas un modéré.

— Tu as beau dire, sans allumer la lampe il est clair que ceux qui n'ont pas d'héritiers ne meurent jamais, reprit le petit homme joufflu.

— Va-t'en voir si la demoiselle Emmeline serait revenue si elle avait eu des descendants! dit le maître d'école avec pédanterie. Le proverbe a bien raison de dire que les enfants nous chassent.

— Ah! s'il était temps de revenir là-dessus! dit la femme qui n'avait plus de cheveux noirs ni de dents blanches.

Toutes ces diverses paroles s'élevaient confusément à la fenêtre de l'oratoire.

Le septembriseur, ennuyé, se pencha encore sur la balustrade :

— En vertu de mes pouvoirs, je vous ordonne à tous de décamper au plus tôt. Je coupe la mâchoire au premier chenapan qui fera la grimace!

Arnould tendit les bras avec rage.

— Lâche brigand! cria-t-il.

Ce cri fut étouffé dans une sourde rumeur.

— Nous chasser comme des enfants! murmurait la foule avec indignation.

Jacques Taillefer avait levé la tête pour parler au septembriseur quand tout à coup, à demi morte de terreur, la vieille servante, qui sortait de la chapelle, vint tomber aux milieu des curieux.

— Je suis morte! dit-elle d'une voix éteinte; tout le monde est mort, monsieur le curé, Marguerite...

— Marguerite! s'écria Taillefer tout chancelant, morte!

— Oui, reprit la vieille, là-bas... sous les voûtes...

Le cabaretier traversa la foule à la nage et s'élança vers la chapelle.

IX

Le septembriseur avait disparu de la fenêtre.

— O mes amis! dit Arnould en se tournant vers le peuple, ayez pitié d'Emmeline! Ce brigand s'est enfermé avec elle dans l'oratoire; souffrirez-vous qu'il la profane lâchement? Arrachons-la de ses griffes de tigre!

Comme il parlait ainsi mademoiselle de Meseray, à peine vêtue d'un grand déshabillé de mousseline, à demi voilée par ses cheveux, apparut à la fenêtre et tendit ses bras avec égarement.

Arnould, soulevé par la colère et par l'amour, grimpa sur les épaules d'un bûcheron, saisit d'une main la balustrade et tendit l'autre à Emmeline; mais l'infortunée ne voyait rien, pas même Arnould.

Elle avait voulu se jeter par la fenêtre pour échapper au septembriseur.

— Emmeline! Emmeline! lui criait Arnould avec délire.

Le septembriseur, qui l'avait suivie à la fenêtre, la saisit par la robe et voulut l'entraîner dans la salle; mais alors la main d'Emmeline rencontra celle de son amant.

— Sauve-moi! lui dit-elle, arrache-moi de ses bras qui me flétrissent!

Le septembriseur s'agenouilla sur la pierre pour repousser Arnould.

— Au moins, s'écria Emmeline en saisissant la petite croix d'argent, le démon ne profanera point ce scapulaire.

Elle cassa le ruban, et la croix tomba sur la poitrine d'Arnould.

Au même instant le septembriseur asséna sur le bras de son ennemi un violent coup de poing qui le renversa sur le sol.

Emmeline essaya encore, mais vainement, de s'élancer dans la cour ; le septembriseur l'emporta jusqu'au fond de l'oratoire.

— Tu as fait de moi une bête féroce! dit-il en la dévorant des yeux; jette-moi un mot, un seul mot de pitié, un seul regard de sœur, et toute ma fureur va tomber.

Emmeline ne lui jeta que du mépris et du dégoût.

Des voix bruyantes retentirent dans la salle

voisine de l'oratoire. Un grand nombre de paysans, émus par la vue d'Emmeline se débattant avec le septembriseur, s'étaient précipités dans le donjon à la suite d'Arnould et assiégeaient l'oratoire pour délivrer l'orpheline.

Le monstre, pressentant que la porte ne le défendrait pas longtemps, se mit à rugir comme un lion; il maudit les hommes, il maudit sa mère, il maudit Dieu.

— Tu ne veux donc pas fléchir? dit-il à Emmeline, tu ne veux donc pas jeter un peu de compassion à mon cœur qui demande de l'amour? — Sois maudite!

— Il vient! je l'entends! dit Emmeline qui ne voyait plus le septembriseur. — Voilà Arnould! il va me sauver! — Arnould! je l'aime tant!

Alors un éclat de la porte tomba dans l'oratoire.

— Eh bien! dit le septembriseur en se

levant, tu ne seras pas plus à celui que tu aimes qu'à celui que tu méprises! — A genoux! tu vas mourir!

— Arnould! Arnould! s'écria l'orpheline épouvantée.

— A genoux! reprit le monstre en la saisissant par les cheveux et en la renversant sur les dalles.

De grands cris retentirent par tout le château.

— Au secours! il va la tuer! au secours! criaient les assiégeants de la grande salle, qui ne pouvaient abattre la porte de l'oratoire.

Au dehors Arnould trépignait et agitait les bras.

Arnould dépensait en vain le reste de son ardeur; il était au même instant dans la cour et dans la salle, assiégeant l'oratoire par la porte et par la fenêtre. A la fin la douleur, la colère, l'amour l'avaient égaré; il perdait le sentiment des choses présentes; il agitait les bras, et il croyait ainsi préserver Emmeline.

Tout à coup le septembriseur reparut à la fenêtre, la tête d'Emmeline à la main.

Et comme Arnould appelait toujours son amante, il lui cria en rugissant :

— La voilà!

Arnould s'évanouit sur la neige.

Le septembriseur était retombé dans la démence du crime; il écumait, il secouait sa crinière, il riait comme un démon.

Bientôt son œil s'anima d'une joie épouvantable; il leva la tête qu'il venait de couper, et s'épanouit dans une volupté infernale en recevant sur le front une rosée de sang.

Jamais figure humaine ne fut plus hideuse à voir.

La foule restée sous la fenêtre reculait en frémissant d'horreur.

Sa débauche de crime dura plus d'une minute. Quand il eut atteint le délire de la volupté, il jeta à Arnould la tête d'Emmeline, pencha son front avec abattement, laissa tomber ses bras rougis, ferma ses yeux éteints et parut s'endormir.

X

Dans les voûtes Jacques Taillefer demeura deux heures sans voix et sans larmes.

Il voulait en vain répandre sa douleur par les pleurs et par la parole : ses yeux étaient secs, et à peine si par intervalles quelques sanglots coupaient le morne silence de la sépulture.

Enfin il voulut s'arracher à ce triste et déchirant spectacle d'une fille chérie descendue si jeune au cercueil; il toucha pour la dernière fois de ses lèvres de père le chaste front de Marguerite.

— Oh! Marguerite, Marguerite! dit-il en se relevant, je n'avais que toi, et tu m'as délaissé!

— Tout seul! reprit-il en s'éloignant, tout seul! — Mon Dieu! faites-moi donc mourir!

A la porte de la chapelle, en revoyant le ciel et le soleil, en revoyant les grands arbres du bois et la montagne d'Origny, il murmura :

— Non, je ne suis pas seul, et je ne veux pas mourir.

Le soleil se cacha.

— Pourtant, reprit-il, tout est mort.

Et il retomba soudainement au fond de sa peine.

Comme il entendait des bruits confus venant du donjon, il s'enfonça dans le parc pour traîner solitairement sa douleur.

En sortant par une petite poterne en ruine il entendit les rugissements du septembriseur; et bientôt il vit le brigand qui se débattait comme un lion blessé sous la colère vengeresse d'Arnould.

Il s'approcha involontairement. —La neige tombait en larges flocons sur les arbres dépouillés ; — un vent amer mugissait dans les branches tremblantes. —Il s'appuya contre un tronc d'arbre à demi renversé et contempla les deux terribles combattants avec une joie farouche qui l'effrayait. Pour toute arme le septembriseur n'avait que la poignée de son sabre, Arnould n'avait que l'os blanchi d'un cheval; mais tous deux étaient allumés par ces fureurs ardentes qui ne s'apaisent que dans le sang. Les yeux mélancoliques d'Arnould lançaient des regards de tigre; le septembriseur avait des yeux de hyène. Arnould pleurait, il était beau dans sa colère; le septembriseur rugissait, il était hideux. Jacques Taillefer, loin d'arrêter le combat, semblait par ses regards encourager ces adversaires échevelés.

Tout à coup Arnould, qui déjà avait cassé le sabre du septembriseur, asséna au front du brigand un violent coup d'os qui le renversa à ses pieds.

Il pensa que sa vengeance était finie, il regarda le septembriseur en respirant.

Mais au même instant le monstre se releva tout couvert d'écume, de sang et de poussière, et il se précipita sur Arnould comme pour le dévorer.

Jacques Taillefer regardait toujours.

— Allez, allez, murmurait-il amèrement. Quand vous vous serez déchirés lambeaux par lambeaux vous n'aurez point tant souffert que moi. — Oh! Marguerite, qu'avez-vous fait!

Cependant Arnould se défendait avec une bravoure surhumaine. Au choc du septembriseur il avait chancelé; mais bientôt, ressaisissant toute sa force, il lutta superbement.

Jacques Taillefer, qui les suivait toujours du regard, vit avec une joie douloureuse tomber sur la neige une rosée de sang.

C'était une chose terrible et solennelle que ce combat au milieu de cette nature morte, au milieu de ces bois déserts ensevelis dans la neige. Les deux redoutables champions luttaient en silence : quelle lutte et quel silence! Par intervalles la bise passait en gémissant.

Le septembriseur avait renversé Arnould, et dans ses bras d'athlète il essayait de le briser; mais Arnould l'ayant saisi par la chevelure, il se détacha tout d'un coup.

Et, s'étant relevé avant son adversaire, il le foula du pied avec une joie d'enfer.

Arnould fit un bond, ramassa son arme funèbre et s'élança à son tour sur le semptembriseur, qui bientôt succomba.

— Emmeline! vous êtes vengée! s'écria Arnould victorieusement appuyé sur la poitrine haletante du brigand.

Et il regardait le ciel comme pour remercier Dieu.

Mais tout n'était point fini : de sa main dure comme une main d'acier, de ses ongles aigus comme des griffes de bête sauvage le septembriseur étranglait Arnould et lui déchirait la gorge.

Le malheureux enfant eut peur de succomber sans entraîner le monstre qui avait jeté à la fille la tête de son père et à l'amant la tête de son amante; il asséna avec toute la force du désespoir un nouveau coup au front du septembriseur.

Et après une agonie de quelques secondes le septembriseur poussa son dernier rugissement.

Jacques Taillefer s'approcha enfin de ces deux ennemis acharnés qui avaient fait son malheur.

Arnould était tombé inanimé à côté du septembriseur.

Le septembriseur, qui avait rugi pour la dernière fois, qui était mort comme toutes ses victimes, retenait encore Arnould par ses griffes sanglantes.

— Méchant jusque dans la mort! dit Taillefer.

Il s'arrêta quelques minutes à contempler les deux amants d'Emmeline.

— Je suis plus malheureux que vous, dit-il dédaigneusement.

Arnould rouvrit ses yeux éteints et sourit avec pitié.

— Plus malheureux! murmura-t-il en se dégageant de la dernière étreinte de son ennemi.

En ce moment le bras du septembriseur tomba dans son linceul de neige, et sembla dire à Arnould et à Taillefer : — Le septembriseur a été sur la terre et sera dans l'éternité le plus malheureux des trois!

LIVRE XII.

Les Ruines.

Les os du septembriseur furent dispersés par les loups comme les os du comte de Meseray.

L'insatiable guillotine, privée par Arnould d'un de ses pourvoyeurs les plus actifs, redemandait la tête du jeune marquis : ce fut à grand'peine que Jacques Taillefer la sauva encore une fois.

Arnould passa deux longues années au coin de l'âtre maternel, affaibli par toutes ces secousses de l'âme et du corps. Souvent, quand le soir revenait avec les mélancolies, il s'en allait sans but dans les bois de Meseray, errant comme un fou par tous les sentiers perdus. A la vue du donjon il s'arrêtait tout d'un coup, et contemplait dans un sombre silence les ruines funèbres du château.

Enfin, ses douleurs apaisées, il secoua les chaînes du repos. Le règne des furoristes avait passé pour la France; Bonaparte se levait sur cette nuit de deuil comme un soleil éblouissant. Ranimé aux éclats de cette jeune gloire, Arnould voulut en suivre la fortune. Bonaparte, qui le vit soldat en Italie, l'emmena capitaine en Égypte. Bonaparte revint en France, mais Arnould ne revint pas.

A la mort des girondins Taillefer avait pleuré; à la mort de Camille Desmoulins il lui vint un désespoir affreux : il se vit seul, sans amis sur cette grande mer rouge de la Révolution où il s'était embarqué sur son courage et sur son dévouement; et, comme il ne voyait point la terre, mais qu'il voyait encore le ciel, où l'attendaient sa femme et sa fille, il voulut mourir.

Il essaya vainement du suicide. Un matin il se jeta dans un étang, mais un paysan parvint à le sauver de la mort.

—Hélas! dit-il en remerciant cet homme, je voulais me sauver de la vie.

Cependant son grand courage lui revint; il pensa que le suicide était une lâcheté, il supporta l'existence.

Il mourut à quatre-vingts ans. Jusqu'en 1815 il gouverna sagement son pays. A la chute de Napoléon il fut indignement chassé de l'hôtel-de-ville d'Origny. Quoiqu'il n'aimât pas l'Empereur il le regretta amèrement, car il voyait tomber avec lui la gloire de la France, et son premier sentiment fut toujours l'amour de la patrie. Dans Origny quelques vieillards demeurés fidèles au culte de la liberté, quelques jeunes hommes généreux et enthousiastes s'inclinaient en voyant passer Taillefer en cheveux blancs. Le peuple le regardait silencieusement ; et le dimanche, dans l'ivresse, loin des riches qui pouvaient le priver de travail, il osait crier comme au temps passé : Vive Taillefer !

Mais les enrichis, les craintifs, les gens paisibles voyaient avec horreur passer le jacobin. — C'est un homme rouge, se disaient-ils à la sortie de la messe, où Taillefer allait pour prier Dieu, à l'encontre de beaucoup d'entre eux.

— Mes enfants, disaient certaines mères,

Dieu vous garde du jacobin! c'est un ogre qui vous mangerait s'il pouvait ramener la Révolution.

Et dans leur prière les enfants disaient : — O Seigneur Dieu! préservez-nous de l'homme rouge!

Taillefer mourut vers la fin de février 1830; Dieu ne lui fit point la grâce de réchauffer son front vénérable au soleil de juillet. Il mourut après avoir légué aux pauvres ce qui lui restait. En vain ses ennemis voulurent priver son corps de la sépulture des chrétiens. Le jour de son enterrement fut un jour néfaste pour Origny. Les royalistes espéraient que, hormis la servante, nul ne suivrait sa dépouille au cimetière; mais le peuple, soudainement ranimé au feu sacré qui avait soulevé ses aïeux pour la gloire (le peuple aussi peut dire maintenant mes aïeux), abandonna son travail et forma un glorieux convoi au généreux défunt.

Le cercueil était, suivant la coutume, porté par les fossoyeurs ; mais à la porte de l'église des vieillards sortirent de la foule et se disputèrent l'honneur de porter Jacques Taillefer au cimetière.

Le silence fut profond et solennel. Arrivé à la fosse, nul bel esprit ne s'avisa de discourir sur les vertus du défunt ; mais la terre qui le recevait fut baignée de larmes.

Taillefer est enterré dans un coin du cimetière d'Origny ; rien ne distingue sa fosse, cachée sous les grandes herbes. De temps en temps on y voit encore s'agenouiller un vieillard ou un jeune homme, un républicain de 1789, un républicain de 1830.

L'ancien cabaret est en ruine comme le château de Meseray ; les deux puissances rivales sont abattues par cette autre puissance armée d'une faux qui s'appelle *le Temps* ou *la Mort*.

A l'aspect du cabaret désert j'ai presque pleuré ; et au même instant j'ai vu avec un charme infini une belle fille d'Origny s'arrêter toute pensive et toute émue devant la fenêtre dévastée où Marguerite arrosait ses fleurs en regardant Arnould.

FIN.

TABLE.

LIVRE VII. — Arnould et Marguerite. 1
LIVRE VIII. — La promesse de mariage. 63
LIVRE IX. — Les visions. 101
LIVRE X. — Le scapulaire. 197
LIVRE XI. — Les épousailles. 239
LIVRE XII. — Les ruines. 331

WERDET, ÉDITEUR,
18, RUE DES MARAIS SAINT-GERMAIN.

NOUVELLE BIBLIOTHÈQUE ÉCONOMIQUE
DE
ROMANS MODERNES

PAR MESSIEURS

De Balzac. — Hippolyte Bonnelier. — Jules-A. David. — Fiévée. — Léon Gozlan. — Arsène Houssaye. — Jules Janin. — Alphonse Karr. — Hippolyte Lucas. — Auguste Luchet. — Michel Masson. — L.-B. Picard. — Michel Raymond. — Roger de Beauvoir. — J. Sandeau. — J. Sand. — Frédéric Soulié, etc.

Cette NOUVELLE BIBLIOTHÈQUE ÉCONOMIQUE DE ROMANS MODERNES est imprimée dans le format grand in-18, vélin.

Chaque volume contient la matière d'un volume in-8°.

Tous les quinze jours il paraît une livraison composée de 2 volumes. Prix : 4 fr.

Ouvrages en vente.

† ALBERTINE, par Michel MASSON. 2 vol.

† HENRY, par le même. 2 vol.

† LA MAISON NUCINGEN, LA FEMME SUPÉRIEURE, par DE BALZAC. 3 vol.

MADAME DE SOMMERVILLE. — LE JOUR SANS LENDEMAIN, par Jules SANDEAU. 2 vol.

LA DOT DE SUZETTE, par FIÉVÉE. 1 vol.

LE GILBLAS DE LA RÉVOLUTION, par L.-B. PICARD. 3 vol.

LES GENS COMME IL FAUT ET LES PETITES GENS, par le même. 1 vol.

N. B. — Les articles marqués d'une † ne se vendent qu'en collection.

Nouveautés récemment parues.

BELLES ÉDITIONS IN-8°.

ARSÈNE HOUSSAYE.

LE SERPENT SOUS L'HERBE. 2 vol.	15 fr.
LA PÉCHERESSE. 2 vol.	15 fr.
LA COURONNE DE BLEUETS. 1 vol.	7 fr. 50 c.
LES AVENTURES GALANTES DE MARGOT. 1 vol.	7 fr. 50 c.

DE BALZAC.

LA FEMME SUPÉRIEURE. — LA MAISON NUCINGEN. — LA TORPILLE. 2 vol.	15 fr.
LA VIEILLE FILLE. — LES ILLUSIONS PERDUES. 2 vol.	15 fr.

LÉON GOZLAN.

WASHINGTON LEVERT ET SOCRATE LEBLANC. 2 vol.	15 fr.
LES MÉANDRES. 2 vol.	15 fr.

ÉDOUARD CORBIÈRE.

LES TROIS PIRATES. 2 vol.	15 fr.
LES FOLLES-BRISES. 2 vol.	15 fr.

ALPHONSE ROYER.

LE CONNÉTABLE DE BOURBON. 2 vol.	15 fr.

JULES-A. DAVID.

LE CLUB DES DÉSOEUVRÉS. 4 vol.	30 fr.
Les tomes III et IV se vendent séparément.	15 fr.

COMTE D'ALLONVILLE.

MÉMOIRES SECRETS DE 1770 A 1830. 1re livraison. 2 vol.	15 fr.

www.ingramcontent.com/pod-product-compliance
Lightning Source LLC
Chambersburg PA
CBHW070907170426
43202CB00012B/2233